儿童哲学助力学生"三观"养成教育的实践探究

富士英 金育宏 ◎ 著

上海社会科学院出版社

图书在版编目(CIP)数据

儿童哲学助力学生"三观"养成教育的实践探究 / 富士英，金育宏著. -- 上海 ：上海社会科学院出版社，2025. -- ISBN 978-7-5520-4653-3

I. G61-02

中国国家版本馆 CIP 数据核字第 2025X3V033 号

儿童哲学助力学生"三观"养成教育的实践探究

著　　者：富士英　金育宏
责任编辑：路　晓
封面设计：裘幼华
出版发行：上海社会科学院出版社
　　　　　上海顺昌路 622 号　邮编 200025
　　　　　电话总机 021-63315947　销售热线 021-53063735
　　　　　https://cbs.sass.org.cn　E-mail:sassp@sassp.cn
照　　排：上海碧悦制版有限公司
印　　刷：浙江天地海印刷有限公司
开　　本：710 毫米×1000 毫米　1/16
印　　张：16.5
字　　数：228 千
版　　次：2025 年 4 月第 1 版　2025 年 4 月第 1 次印刷

ISBN 978-7-5520-4653-3/G·1398　　　　　　　　　　　定价：82.50 元

版权所有　翻印必究

序 一

儿童哲学是一门专门研究儿童思维、认知、价值观等方面的哲学分支，旨在通过哲学的方法和视角，理解儿童的精神世界，促进儿童全面发展。它既关注儿童天然具有的好奇、疑问和思考，也探讨如何通过引导和教育，让儿童更深入地进行哲学探究，培养他们的思维能力和价值观。

大约在二十年前，我担任上海市教科院普教所常务副所长不久，就参加过一次上海市杨浦区六一小学有关儿童哲学课题的研讨活动。该校以儿童哲学理念为指导，开发了极具特色的儿童哲学课程，形成了分龄教学、学科渗透、对话引导等有效的实施办法，给了我很深的印象。后来儿童哲学课程在杨浦区全面推广，取得了良好的成效。

摆在案头的浦东新区三灶学校的《儿童哲学助力学生"三观"养成教育的实践探究》令人好奇：儿童哲学究竟如何助力学生"三观"养成呢？带着这一疑问，我阅读了全部书稿。

它使我明白一个道理：儿童哲学能够显著提升学生的思辨能力、道德观念和责任感、情感智慧和社会适应能力，而批判性思维、道德意识和情感智慧恰好是构成世界观、人生观、价值观这"三观"教育的根基，因此儿童哲学能助力学生"三观"的养成。这大概是逻辑推理层面，没有问题。

令人惊讶的是，三灶学校通过理论研究，梳理了儿童哲学的国内外研究与实践的脉络。构建了儿童哲学课程体系，与国家课程中的语文、道德与法治等课程融合，并开发了包括"儿哲一刻"、绘本故事课、"沃岭"儿童哲学课、家长微课堂等有特色的校本课程。还通过建立家庭亲子阅读工作坊，设立哲学主题日活动、家庭哲学角、日常哲学对话、哲学游戏与竞赛、哲学电影观赏与讨论等系列主题活动，将家庭教育与儿童哲学联结起来，使儿童哲学不仅融入了学校，而且辐射到了家庭，营造了儿童哲学生态。这与杨浦区六一小学的研究与实践相比，在宽度和深度上，无疑有了新的发展。

难能可贵的是,三灶学校不畏艰难,通过问卷调查、访谈、课堂观察、学生作品分析等方法,分析了儿童哲学助力学生"三观"发展的成效。其用扎实的研究与实践,回答了儿童哲学如何能助力学生"三观"养成的问题。令人敬佩!

浦东新区三灶学校是上海市新优质学校第一批市级项目校,经过十多年的探索与践行,逐步将新优质学校的办学理念、价值追求融入了学校的文化基因里,并且积累了不少经验。以儿童哲学助力学生"三观"养成教育的成果,便是极好的例证。新优质学校的核心理念是"回归教育本原",一方面要回归育人,就是要以儿童为中心,以学生为中心,以促进学生全面健康发展为目的,而不是以唯一的学科考试成绩和升学率为中心。儿童哲学立足儿童视角,从儿童出发,发展儿童,显然与新优质学校理念契合;另一方面是回归规律,回归常识,就是要根据儿童或学生身心发展规律、认知规律来开展教育教学工作。儿童哲学有一系列的操作方法,如哲学讨论、故事分析、角色扮演等,是符合儿童认知规律和身心发展规律的,学生学得开心、学得有效,这也是新优质学校倡导的。

目前,新优质学校进入整体推进阶段,上海市教委颁布了《上海市新优质学校高质量发展引领计划》,明确了五大任务、四大机制,在坚守新优质学校办学底色的基础上,要着力打造以育人为中心的办学样态,形成系统思考、整体设计、重点突破、以点带面的创建路径。急需一批将这些设想落地的学校典型与经验样例。浦东新区三灶学校的经验尽管还存在一定的不足,但无疑是一个有价值的样例,值得分享与借鉴。

是为序。

上海市教科院普教所研究员
上海市新优质学校研究所所长

汤林春

序 二

以哲学为翼,成就儿童未来

如何看待儿童,如何教育儿童,如何对待儿童,把儿童培养成什么样的人,这是教育哲学问题,也是基础教育的根本问题。在当今社会急剧变革与人工智能迅猛发展的时代背景下,儿童教育面临的挑战愈发复杂多元。如何引导学生形成正确的世界观、人生观和价值观(简称"三观"),成为教育工作者亟待解决的核心命题。上海市三灶学校的金育宏校长与富士英老师以其深厚的教育智慧与实践经验,携手完成的《儿童哲学助力学生"三观"养成教育的实践探究》一书,正是对这一命题的深刻回应。远离市中心的三灶学校能成为全国率先开展儿童哲学教育的学校之一,让我们看到金校长和他的团队对教育的独到理解,对儿童教育的深远立意。正如李普曼(Matthew Lipman)《哲学走进学校》一书中的观点,不一定每个儿童都是哲学家,但每一个哲学家都曾经是儿童。如果我们否认儿童的理性能力,不让儿童进行伦理和社会的探究,那么成人社会的冷漠、不负责任、平庸就会延续。由此可见,儿童哲学具有独特的育人价值,三灶学校的探索实践具有非常典型的意义。我深感荣幸能为这部凝聚理论与实践双重智慧的著作作序,并分享先睹为快的阅读感受。

一、扎根实践:以哲学之光点亮儿童心灵

本书以儿童哲学为理论根基,以上海市三灶学校为实证研究基地,系统探索了哲学思维在"三观"教育中的独特作用。作者敏锐捕捉到传统教育模式在培养学生思维能力与价值观方面的局限性,提出以哲学对话、批判性思考与道德情境分析为核心的教育创新路径。这种创新并非空中楼阁,而是深深扎根于三灶学校多年来的校本课程建设与教学实践之中。

书中详尽呈现了三灶学校如何将儿童哲学融入国家课程与校本课程体系,例如通过语文课堂中的哲学追问、道德与法治课程中的伦理思辨、班会课中的价值观构建,以及家庭亲子阅读坊中的哲学启蒙,形成了一套全方位、多层次的育人模式。尤其值得称道的是,书中列举的"儿哲一刻""绘本故事课""沃岭哲学课"等实践案例,不仅生动展现了儿童哲学教育的可操作性,更揭示了其在激发学生主体性、提升思辨能力与道德判断力方面的显著成效。这些实践成果,既是三灶学校师生智慧的结晶,也为全国基础教育改革提供了宝贵的"上海经验"。

二、理论创新:架起哲学与教育的桥梁

本书的学术价值不仅在于实践探索,更在于其理论建构的深度与广度。作者以教育学、心理学与哲学跨学科视角,系统梳理了儿童哲学的理论基础,并创造性提出其与"三观"教育的融合机制。书中对李普曼的"探究团体"理论、杜威的实用主义教育思想以及生命哲学的本土化转化,均进行了深入阐释与批判性发展。这种理论创新并非简单的概念移植,而是结合中国儿童的身心特点与文化语境,构建出具有中国特色的儿童哲学教育框架。

尤为重要的是,作者提出了"三观养成教育的生命哲学视角",强调教育应回归对生命意义的关注。书中援引尼采与海德格尔的哲学思想,指出儿童哲学不仅是思维训练的工具,更是引导学生感悟生命价值、培育情感智慧的载体。这一观点,既呼应了新时代"立德树人"的根本任务,也为"双减"政策下教育回归本质提供了理论支撑。作者对家庭、学校与社会协同育人机制的探讨,更体现了对教育生态系统的整体性思考,具有鲜明的时代意义。

三、范式突破:为教育改革注入活力

当前,我国基础教育正处于从"知识本位"向"素养本位"转型的关键期。

本书的出版,恰为这一转型提供了可以借鉴的实践范式。三灶学校的探索证明,儿童哲学教育能够有效破解传统教育的三大难题:一是通过开放性问题与情境讨论,打破"填鸭式"教学的桎梏,激活学生的自主思考能力;二是通过道德两难案例与角色扮演,将抽象的价值观念转化为具身体验,实现"知行合一"的德育目标;三是通过家校共育与社区联动,构建起"全员、全程、全方位"的育人网络,破解教育孤岛化困境。

尤为值得一提的,是三灶学校在家庭教育领域的探索。他们深知家庭作为儿童成长的第一课堂,对"三观"养成教育的重要性。书中对"家庭亲子阅读坊"的设计与推广,更是将教育场域从课堂延伸至家庭,开创了家校协同育人的新模式。通过哲学绘本共读、主题对话与日常哲学实践,家长不再是教育的旁观者,而是与孩子共同成长的引导者。这种"教育共同体"理念,不仅提升了家庭教育质量,更推动了社会教育资源的整合,为构建学习型社会贡献了智慧方案。

四、区域视角:浦东教育创新的缩影

作为浦东教育发展研究院的研究人员,我尤为关注本书对区域教育改革的启示。浦东新区作为全国教育综合改革试验区,始终致力于探索"面向未来、立足本土"的教育创新路径。三灶学校的儿童哲学教育实践,正是浦东"以学生发展为中心"教育理念的生动体现。本书中倡导的批判性思维培养、跨学科融合教学与个性化学习支持,与浦东正在推进的"核心素养导向的课程改革"高度契合,为区域教育高质量发展提供了可复制的实践模板。

此外,本书对教师专业发展的关注也颇具借鉴意义。作者提出"教师哲学素养提升计划",通过课例研究、校本研修与国际交流,推动教师从"知识传授者"向"思维引导者"转型。这一路径,与浦东"研训一体"的教师培养模式不谋而合,为新时代教师队伍建设提供了重要参考。

五、未来展望：让哲学之光照耀更多童年

《儿童哲学助力学生"三观"养成教育的实践探究》既是一部严谨的学术著作，也是一本充满教育情怀的行动指南。书中对教育本质的追问、对儿童主体性的尊重、对生命价值的彰显，无不体现着作者对教育事业的热爱与担当。教育不仅是传授知识，更是点燃思想火种、塑造精神品格的过程。

当然，书中也坦诚地指出了实践过程中暴露出的问题，如师资力量的相对薄弱、课程内容的单一性等。这些问题的存在，反映了儿童哲学教育在推广过程中面临的现实挑战。但正是这种对问题的直面与反思，彰显了三灶学校团队严谨的学术态度与勇于探索的精神。他们提出的改进建议，如加强教师专业化建设、丰富哲学课程内容、探索多样化的教学方法等，为儿童哲学教育的未来发展指明了方向。

我相信儿童哲学教育将在更多学校落地生根、开花结果。随着教育理念的不断更新与教育实践的持续探索，我们有理由期待，儿童哲学将在培养具有健全人格、高尚品质和强烈责任感的新一代青少年中发挥更为重要的作用。而金育宏校长与富士英老师所开创的实践路径，将成为引领这一教育变革的重要力量。

最后，谨以康德的名言与读者共勉："教育的目的，是使人成为人。"愿本书成为一盏明灯，照亮教育者探索的道路，更照亮儿童成长的星空。

上海市教育功臣
上海市浦东教育发展研究院院长　李百艳

前 言

《儿童哲学助力学生"三观"养成教育的实践探究》一书聚焦于儿童哲学在"三观"养成教育中的应用,以上海市三灶学校为实证研究案例进行深入分析,期望能为广大儿童教育工作者提供具有实证研究价值的参考和提示。

随着社会对儿童全面素质培养的日益关注,儿童哲学教育作为一种充满创新与活力的新兴教育方式,通过哲学思考培养儿童的批判性思维、道德意识和情感智慧,对"三观"养成教育具有显著的促进作用。儿童哲学教育的核心要义在于充分激发儿童的思考潜能,巧妙引导他们对世界、人生和价值展开深入且全面的探索与理解。为了深入剖析这一课题,本书综合运用了文献研究法、问卷调查法和访谈法,对三灶学校儿童哲学实践的当前状况及其对学生"三观"养成所产生的影响进行了全方位的考查。研究结果表明,学校通过实施儿童哲学与国家课程和校本课程的融合,以及组织开展丰富多彩的儿童哲学教育教学活动,成功地推动了儿童哲学与"三观"养成教育的有机融合。综合评价那些参与实践的学生,其无论在道德判断、价值观念还是行为习惯等多个方面,均呈现出令人欣喜的积极转变。

当然,在实践推进的过程中,也不可避免地暴露出一些亟待解决的问题。例如,师资力量相对薄弱以及课程内容单一等,这些问题在一定程度上影响了儿童哲学教育效果的充分发挥与最大化实现。鉴于这些问题的存在,我们提出了一系列具有针对性的改进建议,涵盖了加强儿童哲学教师队伍的专业化建设、进一步丰富儿童哲学课程的内容设置,以及积极探索更多行之有效且独具特色的教育方法。

伊曼努尔·康德(lmmanuel Kant)曾说:"有两样东西,我们愈经常持久地加以思考,它们就越是使内心充满常新而日增的赞叹和敬畏:我头顶的星空和我心中的道德律。"我们始终坚信,儿童哲学教育的美好未来发展,需要家庭、学校以及社会各界的齐心协力、共同关注和大力支持。唯有通过各方的共同努力,我们才能够为培养拥有健全人格、具备高尚品质和怀有强烈责任感的新一代青少年奠定坚实的基础。本书的编写,初衷正是为了广泛分享三灶学校的实践经验,从而启发更多的教育工作者和家长,携手共同推动儿童哲学教育向着更深层次、更广阔的方向发展。

在接下来的章节中,我们将详细展示本研究的完整过程和实践成果,为读者全方位呈现一幅儿童哲学教育实践的全景图。我们满怀期待,本书能够引发更多富有建设性的思考和热烈讨论,为儿童哲学教育的实践探索和学术研究开辟全新的视野,注入源源不断的活力。

目 录

序一 / 1

序二 以哲学为翼,成就儿童未来 / 3

前言 / 1

第一章 绪论 / 1

一、研究背景与意义 / 3

二、研究问题与假设 / 5

三、研究的创新点 / 7

第二章 理论基础与文献综述 / 11

一、理论基础 / 13

  1. 儿童哲学的理论基础 / 13

  2. "三观"养成教育理论 / 18

  3. 儿童哲学与"三观"养成教育的关系 / 20

二、文献综述 / 22

    1. 国外儿童哲学教育研究现状 / 22

    2. 国内儿童哲学教育研究现状 / 25

    3. "三观"养成教育研究现状 / 28

    4. 家庭教育与学校教育的互动问题 / 29

    5. 研究缺口与拟解决的关键问题 / 31

第三章　研究设计与实施策略 / 39

一、研究目标与内容 / 41

    1. 研究目标 / 41

    2. 研究内容 / 43

二、研究方法论 / 48

    1. 文献综述 / 48

    2. 调查研究 / 49

    3. 访谈 / 49

    4. 课例研究 / 50

    5. 案例研究 / 50

三、研究过程与步骤 / 51

    1. 研究准备 / 51

    2. 课程实施 / 52

    3. 数据收集与分析 / 52

    4. 成果总结 / 53

第四章 儿童哲学在学校教育中的应用 / 55

一、儿童哲学课程的设计原则 / 57
    1. 儿童哲学课程设计的基本原则 / 57
    2. 儿童哲学课程设计的其他关键原则 / 59

二、儿童哲学与国家课程建设 / 61
    1. 儿童哲学与小学语文课程融合 / 61
    2. 儿童哲学与"道德与法治"课程融合 / 69
    3. 儿童哲学与小学班会课融合 / 76

三、儿童哲学与校本课程建设 / 84
    1. "儿哲一刻" / 84
    2. 绘本故事课 / 87
    3. "沃岭"儿童哲学课 / 89
    4. 家长微课堂 / 91

第五章 儿童哲学在家庭教育中的应用 / 93

一、国内外研究现状 / 95
二、研究方法 / 96
三、家庭亲子阅读坊的构建 / 97
    1. 阅读空间的选择与布置 / 97
    2. 绘本的挑选与分类 / 98
    3. 阅读计划的制订与实施 / 100
四、家庭亲子阅读坊与儿童哲学的融合 / 102
    1. 亲子共读与哲学思考 / 102

2. 讨论与交流的开展 / 104

　　3. 道德观念的培育与实践 / 106

五、多样化的实践方式与创新应用 / 106

　　1. 哲学主题日活动 / 106

　　2. 家庭哲学角 / 108

　　3. 日常哲学对话 / 109

　　4. 哲学游戏与竞赛 / 110

　　5. 哲学电影观赏与讨论 / 111

六、家庭亲子阅读坊的实践效果与评估 / 112

　　1. 实践案例的收集与分析 / 112

　　2. 研究结论与展望 / 114

第六章　儿童哲学教育的实践成效评估 / 117

一、评估背景、目的和方法 / 119

　　1. 评估背景 / 119

　　2. 评估目的和方法 / 119

二、实践举措回顾 / 120

　　1. 儿童哲学课程设置 / 120

　　2. 教学方法与活动形式 / 121

　　3. 家校合作与社区资源 / 122

三、实践成效评估方法 / 123

　　1. 问卷调查的设计与实施 / 123

　　2. 访谈与课堂观察的实施 / 124

　　3. 学生作品分析 / 125

四、实践成效评估结果 / 126
　　1. 学生"三观"养成的成效分析 / 126
　　2. 学生思维能力与道德观念的提升 / 127
　　3. 教育实践中存在的问题与改进建议 / 128

第七章　研究展望与未来方向 / 131

一、研究的局限性与未来展望 / 133
　　1. 研究的局限性 / 133
　　2. 未来展望 / 134

二、儿童哲学教育的发展趋势 / 139
　　1. 国际化视野 / 139
　　2. 跨学科融合 / 140
　　3. 个性化教学 / 142
　　4. 实践导向 / 143

三、对学生"三观"养成教育的长远影响 / 144

附录 / 149

　　附录一：学生调查问卷 / 151
　　附录二：学生访谈纲要 / 169
　　附录三：家长调查问卷 / 179
　　附录四：家长访谈纲要 / 188
　　附录五：教师调查问卷 / 206
　　附录六：教师访谈纲要 / 216
　　附录七：调查问卷数据分析报告 / 234

第一章

绪 论

一、研究背景与意义

随着社会的快速发展和信息时代的到来,信息技术以前所未有的速度蓬勃发展,这一变革深刻地影响着人们生活的方方面面,尤其是对儿童成长的环境产生了深远的影响。儿童能够轻松地接触到海量的信息和多元化的价值观念,面临着日益复杂的价值观念和信息冲击。据2023年联合国儿童基金会发布的报告,全球儿童平均每天接触到的信息量是20年前的数百倍,这使得他们不仅要处理海量的信息,还要在多元化的价值观念中寻找自我定位。这种环境虽为儿童提供了丰富的学习资源和知识来源,拓宽了他们的视野,但也带来了前所未有的危机。中国教育科学研究院2022年一项针对中国儿童的调查结果显示,超过70%的学生表示,他们在网络上遇到过不良信息或价值观冲突的情况,这直接影响到他们的身心健康和价值观形成。在复杂多变的信息环境中,儿童在构建自己的世界观、人生观和价值观的过程中,面临着诸多复杂的挑战和干扰。

传统的教育模式在知识传授和技能培养方面一直发挥着重要作用,为社会培养了大量具有专业知识和技能的人才。然而,随着时代的发展和社会的进步,这种传统教育模式的局限性也逐渐显现出来。在传统教育中,教师往往是知识的权威和传授者,学生则处于被动接受的地位,其在思维能力、道德观念和价值观方面的深层次培养被一定程度地忽视了。这种教育模式下培养出来的学生,虽然在知识和技能方面具备一定的水平,但在面对复杂多变的社会现象和问题时,往往缺乏独立思考、分析和解决问题的能力,难以形成自己独立的见解。中国教育质量监测中心2022年发布的《中国教育质量监测报告》显示,我国小学生中能够独立思考并解决问题的比例仅为30%左右,这一数据凸显了当前教育改革的紧迫性。此外,在价值观多元化的社会背景下,传统教育模式在引导学生树立正确的世界观、人生观和价值观(简称"三观")方面也显得力不从心,许多学生在面对价值观冲突和道德困境时，往往表现出迷茫和不知所措，缺乏坚定的信仰和正确的价值判断能力。

"三观"养成教育是儿童成长过程中的核心任务之一，它关系到儿童未来的发展方向和人生价值的实现。世界观是人们对整个世界的总体看法和根本观点，它决定了人们对自然、社会和人类自身的认识和理解；人生观是人们对人生目的、意义和价值的根本看法，它决定了人们的人生追求和人生态度；价值观是人们对事物价值的判断和评价标准，它决定了人们的行为取向和价值选择。正确的世界观、人生观和价值观是儿童健康成长和全面发展的基础和保障。在儿童成长的过程中，如果能够帮助他们树立正确的"三观"，就能让他们在面对复杂多变的社会环境和问题时，保持清醒的头脑和坚定的信念，做出正确的判断和选择；同时，正确的"三观"还能够激发儿童的内在动力和创造力，让学生为实现自己的人生目标和价值而努力奋斗。

在这一背景下，培养儿童的批判性思维、高尚的道德品质和丰富的情感智慧，成为教育的重要目标。越来越多的教育者开始反思传统教育方式的局限性，并积极探索新的教育方法。儿童哲学作为一种创新的教育理念和方法，在"三观"养成教育中具有独特的优势和重要的作用。首先，儿童哲学能够激发儿童的好奇心和求知欲，让他们主动思考和探索世界、人生和价值等问题，培养他们的哲学思维和批判性思维能力，帮助他们形成正确的世界观。其次，通过哲学讨论和思考，儿童能够深入思考人生的意义和价值，明确自己的人生目标和追求，树立正确的人生观。最后，儿童哲学能够引导儿童对道德问题和价值观念进行深入的思考和探讨，培养道德判断能力和道德责任感，树立正确的价值观。

本书以上海市三灶学校作为实证案例，深入分析儿童哲学在"三观"养成教育中的实际应用情况，其实践经验对于探讨儿童哲学在"三观"养成教育中的应用具有重要意义。该校是一所具有创新精神和实践探索意识的学校，积极引入儿童哲学课程，将其纳入学校的课程体系，开展了一系列的教学实践活动。通过组织学生进行哲学对话、讨论、阅读哲学故事和文本等方式，引导学生思考和探究哲学问题，培养他们的哲学思维和批判性思维能力。同时，学校还将哲学教育与学科教学、德育活动等有机结合起来，形成了全方位、多层次的哲学教育体系。学生的学习兴趣得到了极大的提高，他们不再满足于被动地接受知识，而是主动地思考和探究问题；思辨能力和逻辑思维能力也得到了显著提升，他们能够更加清晰地表达自己的观点和想法；分析和解决问题的能力也得到了增强；此外，学生的道德观念和社会责任感也得到了培养，他们更加关注社会问题和他人的需要，能够自觉地遵守道德规范和行为准则。

上海市三灶学校的成功案例为其他学校提供了可借鉴的经验。通过分析该校在儿童哲学教育方面的实践，我们可以更深入地了解如何将儿童哲学有效地融入日常教育教学和家庭生活中，以及如何通过这种方式来培养儿童的思维能力、道德观念和价值观。研究儿童哲学在"三观"养成教育中的应用与实践，不仅有助于丰富和发展现有的教育理论，还能为实际教育工作提供有益的指导。通过深入分析上海市三灶学校的实践经验，我们可以为更多学校提供可借鉴的范例，共同推动儿童教育的进步与发展。同时，这也符合当前教育改革的趋势，即更加注重学生的人格全面发展，特别是思维能力和价值观的培养。

二、研究问题与假设

本书致力于解决的主要问题是：在当今信息爆炸、价值观多元化的时代背景下，教育领域面临着前所未有的挑战。学生作为社会未来的建设者和接班人，其世界观、人生观和价值观的养成至关重要。然而，传统的教育模式在培养学生的"三观"方面存在着诸多不足之处，难以满足时代发展的需求。在社会环境和教育体系的复杂背景下，究竟如何通过儿童哲学所独有的方法和途径，切实有效地促进学生"三观"的良好养成？这一问题的提出，并非偶然,而是基于对当下教育现实的敏锐观察和深入剖析。

随着信息时代的迅猛发展,学生获取信息的渠道日益丰富,但同时也面临着信息过载、真假难辨的问题,各类信息愈发丰富多样的同时也更加复杂混乱。在这样的背景下,学生容易受到各种不良信息和错误观念的影响,他们的思维和认知面临着诸多挑战和困惑,导致其世界观、人生观和价值观出现偏差。另外,传统教育模式往往注重知识的传授和技能的培养,而忽视了对学生思维能力、道德品质和情感态度的培养,使得学生在面对复杂的社会问题和价值冲突时,缺乏独立思考、判断和解决问题的能力。如何引导他们在信息的海洋中不迷失方向,树立起清晰、正确且稳固的世界观、人生观和价值观,成为了摆在教育者面前的一道紧迫而又关键的难题。基于对这一问题的深入思考,本书提出了以下三条研究假设:(1)若能合理且巧妙地运用儿童哲学的先进理念和科学方法,将能够显著提升学生的思辨能力和逻辑思维能力。儿童哲学强调通过哲学对话、讨论和思考的方式,引导学生深入探究问题的本质和根源,培养他们的批判性思维和逻辑推理能力。通过参与哲学活动,学生能够学会从不同的角度思考问题,分析问题的因果关系和逻辑结构,提出合理的观点和论据,从而提升思辨能力和逻辑思维能力,能够更加敏锐地洞察问题的本质,更加深入地思考各种现象背后的原因和逻辑。(2)若能合理且巧妙地运用儿童哲学的先进理念和科学方法,将能够显著提升学生的道德观念和责任感,帮助他们树立起正确的道德标准和行为准则,明白什么是对、什么是错,什么是善、什么是恶,从而在日常生活中做出符合道德规范的选择和行为。儿童哲学注重通过道德情境的讨论和案例分析,引导学生思考道德问题,培养他们的道德判断能力和道德选择能力。通过参与道德讨论和案例分析,学生能够了解不同的道德观点和价值取向,学会尊重他人的权利和利益,树立正确的道德标准和行为准则,从而提升道德观念和责任感。(3)若能合理且巧妙地运用儿童哲学的先进理念和科学方法,将能够显著提升学生的情感智慧和社会适应能力。儿童哲学关注学生的情感发展和人际交往能力的培养,通过哲学讨论和活动,引导学生认识自己的情感和需求,学会理解和尊重他人的情感和观点,培养同理心和沟通能力。通过参与情感智慧的培养活动,学生能够更好地管理自己的情绪,建立良好的人际关系,提升社会适应能力,从而为全面发展奠定坚实的基础。

基于这三条充满希望和可能性的假设,本书将全方位、多角度地探讨儿童哲学在学生"三观"养成中的实际应用情况。从课堂教学到课外实践,从学校教育到家庭教育,从个体发展到群体互动,不放过任何一个可能影响学生"三观"养成的细微环节。同时,深入剖析儿童哲学对学生的批判性思维、道德意识和情感智慧发展所产生的深远影响。具体而言,将深入研究儿童哲学如何激发学生对问题的深入思考。比如,通过创设富有启发性的情境和问题,引导学生从表面现象深入问题的核心,培养他们不满足于肤浅答案并追求真理和本质的精神。通过系统的课程设计和教学方法,逐步引导学生学会运用逻辑工具,对问题进行有条理的分析和推理,从而提高他们解决问题的能力和思维的严谨性,来研究如何培养他们的逻辑推理和分析能力。通过真实案例的分析和讨论,让学生在具体的道德冲突中锻炼自己的判断力,培养他们的道德责任感和正义感,来探讨如何引导他们在道德情境中做出正确的判断和选择。以及如何促进他们情感认知和管理能力的提升,帮助学生更好地理解自己和他人的情感,学会有效地表达和调节情绪,从而提高他们的人际交往能力和心理健康水平。

通过对这些方面的深入研究和探索,本书期望能够为儿童哲学在学生"三观"养成教育中的应用提供更加科学、系统和有效的理论支持和实践指导。

三、研究的创新点

本书的创新点在于,它不仅仅停留在理论探讨的层面,更是紧密结合上海市三灶学校的实际情况,通过实证研究来具体揭示儿童哲学在"三观"养成教育中的独特作用和价值。这种将理论与实践相结合的研究方法,不仅有助于验证儿童哲学理论的有效性,还能为"三观"养成教育实践提供更为具体和有针对性的指导。

具体表现为以下三个方面:(1)研究内容的创新。本书聚焦于儿童哲学在学生"三观"养成教育中的应用,深入探讨儿童哲学对学生世界观、人生观和价值观形成的影响机制和作用路径,这在当前的教育研究领域中具有一定的创新性。以往的研究大多集中在儿童哲学的理论探讨、课程设计或教学方法等方面,对于儿童哲学在"三观"养成教育中的具体作用和实践效果的研究相对较少。通过分析三灶学校的教学案例,我们发现,儿童哲学课程通过引导学生对生活中的问题进行深入思考和讨论,有效促进了学生批判性思维的发展,同时也帮助他们建立了更为全面和深入的世界观。在这一过程中,学生们不仅学会了如何从不同角度看待问题,还培养了同理心和公正意识,这对于他们的道德成长和情感智慧的提升具有重要意义。本研究将填补这一研究空白,为儿童哲学教育的实践提供更加深入和系统的理论支持。(2)研究方法的创新。本书采用了多种研究方法相结合的方式,包括文献综述法、问卷调查法、访谈法和案例分析法等,以全面、深入地了解儿童哲学在学生"三观"养成教育中的应用情况。与以往单一的研究方法相比,本书的研究方法更加多元化和综合化,能够更加准确地揭示儿童哲学在学生"三观"养成教育中的作用和效果,提高研究的科学性和可靠性。通过综合运用多种研究方法,并结合上海市三灶学校的实际情况,深入探讨了儿童哲学在学生"三观"养成教育中的应用情况。研究发现,儿童哲学在促进学生批判性思维、道德意识和情感智慧的发展方面具有重要作用,同时也有助于学生建立全面和积极的世界观、人生观和价值观。这些发现不仅为教育实践提供了参考,也进一步证实了儿童哲学在学生"三观"养成教育中的独特价值和作用。(3)研究视角的创新。本书从生命哲学的视角出发,探讨如何将生命哲学思想融入儿童哲学教育中,以更全面地促进学生"三观"的养成。生命哲学强调生命的体验、价值和意义,关注个体的生命成长和发展。将生命哲学思想融入儿童哲学教育中,能够更好地引导学生关注生命、尊重生命、热爱生命,培养他们积极向上的人生态度和价值观念,为其未来的发展奠定坚实的基础。这种研究视角的创新,为儿童哲学教育的研究提供了新的思路和方法。在实践过程中,我们发现尼采的生命哲学中的教育思想对儿童哲学教育有着重要的启示意义。马丁·海德格尔(Martin Heidegger)也提到过:"人生的本质是诗意的,人应该是诗意地栖居在大地上。"两者均强调教育应承认生命的自然性、现实性和美学性,这与儿童哲学教育注重引导儿童思考生命意义、价值追求等深层次问题的理念不谋而合。因此,在未来的研究中,我们将进一步探索如何将生命哲学思想融入儿童哲学教育中,以更全面地促进儿童"三观"的养成。

综合而言,本书通过实证研究方法,深入分析了上海市三灶学校在儿童哲学教育方面的实践经验,揭示了儿童哲学在"三观"养成教育中的重要作用。同时,本书也提出了一些新的思路和方法,以期为未来儿童哲学教育的发展提供有益的参考。

第二章

理论基础与文献综述

一、理论基础

1. 儿童哲学的理论基础

儿童哲学,这一领域起源于西方哲学界对儿童思维和认知的深入探索。它不仅仅是一种教育理念,更是一种通过哲学思考来启迪和培养学生独立思考和道德判断能力的方法。儿童哲学的核心理念在于尊重每个学生的个性和主体地位,关注他们的思维成长,以及引导他们进行深入的、批判性的思考。

在西方,儿童哲学作为一个独特的教育领域,其起源可追溯至哲学界对于儿童思维和认知发展的深度探寻。从古希腊哲学家苏格拉底、柏拉图等开始,他们对于知识的起源、人类认知的本质等问题的思考,就已经为后来对儿童思维与认知发展的研究埋下了伏笔。哲学家们就已经开始关注儿童的思维和认知发展。他们认识到,儿童并非简单的接受者,而是具有独立思考和判断能力的个体。因此,通过哲学的方法来引导和教育儿童,成为了一种新的教育理念。这种理念强调以学生为中心,鼓励他们自主发现和探索哲学问题,从而在思考的过程中逐渐形成自己独特的观点和见解。随着历史的车轮不断向前滚动,教育观念的变革和学术研究的深入,儿童哲学逐渐从作为母体的哲学中脱胎而出,成为教育领域中一个独立且重要的分支。

儿童哲学的发展是个渐进的过程,它在历史长河中逐步演化而来。在这一过程中,不同的学者和思想家从不同的角度和立场出发,对儿童哲学的理论和实践进行了深入的研究和探索,为儿童哲学的发展奠定了坚实的理论基础。让·皮亚杰(Jean Piaget)提出的认知发展理论指出,孩子的认知能力是逐步演进的。已经度过了感觉运动阶段、前运算阶段、具体运算阶段,现在进入了形式运算阶段。他的理论为儿童哲学的发展提供了重要的理论支撑,使人们认识到儿童的思维发展具有阶段性和规律性,它为儿童哲学教育的目的、内容和手段提供了科学的依据。

儿童的认知发展在维果茨基的理论中被认为与社会文化环境有重大关联，这个环境对此起着举足轻重的作用。在他看来，儿童的认知进步是在与成年人和同龄人交往的过程中逐步达成的。儿童通过参与社会文化活动，逐渐掌握了语言、符号和文化工具，从而实现了认知的发展。这一理论启示我们，在儿童哲学教育中，要为学生创造一个积极的社会文化环境，让他们在与他人的互动和交流中发展自己的思维能力和认知水平。

约翰·杜威（John Deway）的实用主义教育理念对儿童哲学的演进产生了深远的影响。杜威认为，教育应该融入生活之中，成为个体成长的过程，同时也涉及对个人经验的不断调整和改进。他认为教育应该与儿童的生活实际相结合，让儿童在生活中学习，在学习中生活。他的"做中学"的教育理念为儿童哲学教育提供了重要的方法论指导，使儿童哲学教育更加注重实践和体验，让儿童在实践和体验中发展自己的思维能力和创造力。

在当代，儿童哲学的发展呈现出多元化和跨学科的趋势。儿童哲学的研究领域日益吸收了神经科学、心理学、社会学和人类学等多元学科的见解与发现。儿童哲学的研究领域因此得到了新的理论视野和探索方法。比如，神经科学的探索发现揭示了儿童大脑具备高度的适应能力。儿童的大脑发育和认知进步深受他们早期教育及学习体验的影响。这一研究成果为儿童哲学教育的早期开展提供了科学依据，使人们认识到儿童哲学教育应该从儿童的早期开始，以此奠定儿童思维进步和认知能力提高的稳固基础。

儿童哲学的核心理念是尊重每个学生的个性和主体地位，强调思维成长与批判性思考的重要性。这主要表现在如下几点：

(1) **承认并重视学生的主体身份**

在传统的教育模式中，学生往往被视为知识的被动接受者，教师是知识的权威和传授者，学生的主体地位得不到应有的尊重和发挥。然而，儿童哲学则颠覆了这种传统的教育观念，强调学生是积极的知识构建者和探索者。学生具有自己独特的思维方式和认知能力，他们对世界充满了好奇和探索的欲望,他们的想法、疑问和观点是他们主动探索世界、构建知识的结果,是宝贵的教育资源。教师的角色是作为指导者和推动者,而不是简单地将知识强加给学生。教育者应当承认学生作为独立个体的主动性,留意他们的兴趣与需要,创造条件给予他们丰富的学习资源和各种学习机会,引导学生在自主探索和合作学习中发现知识、构建知识,发展自己的思维能力和认知水平。例如,在儿童哲学课堂上,教师可以提出一个开放性的问题,如"什么是友谊",然后让学生自由发表自己的观点和看法。在学生发表观点的过程中,教师应该认真倾听,尊重学生的想法和观点,不轻易打断或否定学生的发言。在学生发言结束后,教师可以引导学生对不同的观点进行比较和分析,帮助学生拓展思维,深化学生对问题的理解。

(2) 鼓励自由表达与思考

儿童哲学课堂为学生提供了一个自由表达和思考的空间,鼓励学生自由提出问题、发表见解。在传统的教育模式中,学生的话语权往往被忽视,他们的想法和观点得不到充分的表达和尊重。然而,在儿童哲学课堂上,学生被赋予了充分的话语权,他们可以自由地表达自己的想法和观点,提出自己的问题和疑惑。

这样的自由表达方式对学生的成长大有裨益,它不但能增强他们的自信,提升其沟通技巧,更能点燃他们创新思考的火花,使学生能够学会从不同的角度审视问题,形成更加全面、深入的理解。例如,在儿童哲学课堂上,教师通过精心设计的哲学问题或情境,可以组织学生进行小组讨论,让学生在小组内自由地表达自己的观点和看法,互相倾听、互相启发。教师能安排一次全班分享,让各个小组的代表把他们的讨论成果呈现给所有同学。在这个过程中,学生不仅能够锻炼自己的表达能力和沟通能力,还能拓宽自己的思维视野,培养自己的创新思维和合作能力。

(3) 注重哲学对话的引导性和启发性

哲学对话是儿童哲学教育的重要方式之一,通过精心设计的哲学问题或情境,教师引导学生进行深入的思考与讨论。在哲学对话中,教师不仅要关注学生的发言内容,还要关注学生的思维过程和思维方式,适时给予反馈和引导,帮助学生理清思路,拓宽视野。

哲学对话不仅能够帮助学生建立逻辑清晰的思维模式,还能够培养学生的同理心和道德观念。参与哲学对话的过程中,学生被鼓励听取不同的观点与见解,体会别人的立场和情绪,这样的互动能够有效地促进他们同理心的发展,并树立起尊重他人的观念。同时,通过对道德问题和价值观念的探讨,学生能够树立正确的道德标准和价值观念,培养自己的道德责任感和正义感。例如,在儿童哲学课堂上,教师可以设计一个道德两难问题,如"在公交车上,你看到一个老人没有座位,而你自己也很累,你会怎么做",然后引导学生进行哲学对话。在哲学对话中,教师可以引导学生从不同的角度思考问题,如从个人利益的角度、从道德责任的角度、从社会公平的角度等,帮助学生理解道德问题的复杂性和多样性,培养学生的道德判断能力和道德选择能力。

(4)促进全面发展

儿童哲学教育的最终目标是促进学生的全面发展,提升学生的思维能力、道德观念和价值观。通过哲学教育,学生能够提升独立思考、批判性思维和解决问题的能力,能够从不同的角度思考问题,提出独特的见解和观点。同时,儿童哲学教育还能够培养学生的道德观念和价值观,让学生树立正确的道德标准和价值观念,培养学生的道德责任感和正义感。儿童哲学教育还能够培养学生的情感智慧和社会适应能力,让学生学会理解他人的情感和需求,建立良好的人际关系,提高社会适应能力。例如,在儿童哲学课堂上,教师可以组织学生进行角色扮演活动,让学生在角色扮演中体验不同的角色和情境,培养学生的情感智慧和社会适应能力。

儿童哲学教学运用了激励思考和探索解答的教学模式。教师的角色已经从单纯的知识传播者转变为引导学生学习过程的导师和提供支持者。通过具体的哲学问题或情境引发学生的思考和讨论，让他们在探索中发现问题、分析问题并寻求解决方案。多样化的教学策略涵盖了解析哲学问题的探讨、模拟情境的角色扮演活动，以及通过实例深入剖析的案例研究。这些方式不仅能够激发学生的学习兴趣和动力，还能培养他们的自主学习能力和创新精神。

在儿童哲学教育中，哲学对话和探讨经常被用作一种主要的教学手段。通过组织学生围绕一个哲学问题或话题进行讨论，激发儿童的思维能力和创新能力。在哲学讨论中，教师应该营造一个宽松、自由、民主的讨论氛围，鼓励学生积极参与讨论，发表自己的观点和看法。同时，教师还应该引导学生学会倾听他人的观点和看法，尊重他人的意见和建议，培养学生的合作精神和团队意识。

角色扮演是这样一种教学策略：它让学生们有机会置身于各种角色之中，借此感受不同的情境，体验丰富多样的情绪。在角色扮演中，学生能够更加深入地理解问题的本质和内涵，培养自己的情感智慧和社会适应能力。例如，教师可以组织学生进行"小小法官"的角色扮演活动，让学生扮演法官、原告、被告等角色，对一个道德案件进行审理和判决。在这个过程中，学生能够更加深入地理解道德问题的复杂性和多样性，培养自己的道德判断能力和道德选择能力。

案例分析是一种让学生通过分析具体的案例来学习哲学知识和培养哲学思维的教学方法。教师可以给学生提供一些具体的案例，让学生对案例进行分析和讨论，提出自己的观点和看法。例如，教师可以给学生提供一个关于"诚实"的案例，让学生分析案例中主人公的行为是否诚实，以及诚实的价值和意义。在这个过程中，学生能更加深入地理解哲学概念和哲学问题，培养自己的哲学思维和分析能力。

儿童哲学作为一种创新的教育理念和方法论，在培养学生的思维能力、道德观念和价值观方面发挥着重要作用。它通过尊重学生的主体地位、鼓励自由表达和思考以及注重引导性和启发性的哲学对话等基本原理和实践方法,为学生的全面发展提供了有力的支持。儿童哲学的实践应用,特别是在"三观"养成教育中,显得尤为重要。个人的精神世界中,世界观、人生观和价值观这三种观念起到了根基的作用。在学生成长的关键时期,通过儿童哲学的引导,可以帮助他们建立起积极、健康的"三观"。例如,在探讨"什么是好生活""我们应该如何对待他人"等哲学问题时,学生不仅能够锻炼自己的思维能力,还能够在思考的过程中逐渐形成对人生和社会的深刻理解。儿童哲学也强调道德判断能力的培养。在日常生活中,学生会面临各种道德选择和判断。通过儿童哲学的教育,他们可以学会如何运用哲学的方法来分析问题,从而做出更为明智和道德的选择。这种能力不仅对他们的个人成长有着重要意义,也对社会的和谐发展起着积极的推动作用。

2. "三观"养成教育理论

"三观"养成教育,即通过系统的教育方法和手段,引导学生形成正确的世界观、人生观和价值观,是学生教育的核心任务之一,对于学生的成长和发展具有至关重要的意义。

世界观是学生对宇宙万物和人类社会根本看法的体现,它涉及对自然、社会以及人类思维等各个方面的认知。在"三观"养成教育中,帮助学生树立科学的世界观至关重要,这不仅关系到他们对世界的理解,还影响着他们的思维方式和行为模式。通过教育活动,我们引导学生认识到世界的物质性、客观性和规律性,培养他们用科学的态度去看待和解释自然现象和社会现象。

人生观代表了我们对人生目标、存在意义及价值的深层次见解。在学生成长的过程中,他们会逐渐形成对人生的独特理解和追求。"三观"养成教育旨在引导学生树立正确的人生观,使他们能够明确自己的人生目标,珍视生命,积极面对生活中的挑战和困难。通过教育活动中的案例分析和角色扮演等方式,我们帮助学生理解人生的价值和意义,激发他们的生活热情和社会责任感。

学生的价值观是指他们对事物好坏、重要性的认知与评价准则。在多元化的社会环境中,学生面临着各种价值观的冲击和影响。"三观"养成教育强调培养学生正确的价值观,使他们能够辨别是非、善恶和美丑,形成健康的价值取向。在教育活动中,我们应当注重引导学生关注社会公益事业,培养他们的同情心和公正感,我们应当激励他们亲身参与实践活动,从而感受和理解价值的深层含义。

"三观"养成教育将德育放在教育的核心位置,强调对学生进行思想观念和行为习惯的正面引导。它的内涵广泛,覆盖了道德教育、心理健康教育以及理想信念教育等多个层面,力图全方位地塑造学生的品格和人格。

在道德教育方面,"三观"养成教育注重培养学生的道德认知、道德情感和道德行为。道德认知指的是学生对道德准则、原则及价值观的认知和理解,它是进行道德教育的根基。通过日常的教学活动和生活实践,教育者引导学生明确道德标准,理解社会公德、职业道德、家庭美德和个人品德的内涵,从而在行为上做到自律和他律的结合。道德情感是学生对道德行为和道德现象的情感体验和态度反映,是道德教育的重要环节。通过情感体验和情境模拟等方式,激发学生的道德情感,让学生在面对道德问题时能够产生正确的情感反应,如同情、尊重、关爱、责任等,培养学生的道德责任感和正义感。

心理健康教育是"三观"养成教育的重要组成部分,它关注学生的心理健康状况,培养学生的积极心态、情绪调节能力、社会适应能力和抗挫折能力。我们可以设立心理健康教育课程,教导学生们如何理解和管理自己的情绪,同时让他们认识自我心理状态及需求,以便更好地应对生活中的挑战。掌握情绪调节和心理压力缓解的方法,培养学生的积极心态和健康人格。构建心理咨询体系,以向学生提供必要的心理咨询服务及心理引导支持。帮助学生解决在学习、生活和人际交往中遇到的心理问题和困惑,促进学生的心理健康发展。通过开展心理健康教育活动,如心理游戏、心理拓展训练等,培养学生的社会适应能力和抗挫折能力,让学生能够在面对困难和挫折时保持积极的心态,勇敢地迎接挑战。

理想信念教育是"三观"养成教育的核心内容之一,引导学生树立正确的理想信念,明确人生目标和价值追求。通过讲述英雄人物事迹、开展社会实践活动等方式,激发学生的爱国情怀和社会责任感,培养学生的远大理想和坚定信念。帮助学生们理解和意识到他们在社会中的个人价值以及他们所承担的责任,这是非常重要的。把个人的理想和追求融入国家进步和民族复兴之中,达到自我价值和社会价值的和谐一致。在实际操作中,"三观"养成教育需要教育者具备高度的专业素养和教育智慧。他们需要根据学生的年龄特点和心理发展规律,设计符合实际的教育方案,通过丰富多彩的教育活动和互动体验,激发学生的学习兴趣和参与热情。同时,教育者还需要与家长保持密切的沟通和合作,两者共同为学生的成长营造良好的教育环境。

在教育实践中,已有不少学校开始尝试并推广"三观"养成教育理念。上海市三灶学校就通过引入儿童哲学课程,培养学生的批判性思维和道德意识,进而促进学生的全面发展。这种创新性的教育实践为"三观"养成教育提供了有益的参考。同时,越来越多的教育者也开始关注并研究"三观"养成教育的理论和实践方法,致力于培养具有健全人格、高尚道德品质和强烈社会责任感的优秀人才。这种教育理念不仅关注学生的知识学习,更注重他们的品德养成和人格塑造,为学生的全面发展奠定了坚实的基础。

3. 儿童哲学与"三观"养成教育的关系

儿童哲学与"三观"养成教育之间存在着紧密的联系,二者相互促进、相互影响。儿童哲学不仅为"三观"养成教育提供了有力的支持,同时也是其重要的组成部分。通过引导学生进行深入的哲学思考,儿童哲学有助于培养学生的批判性思维、道德意识和情感智慧,这些素养恰好构成了"三观"教育的根本宗旨。

儿童哲学起源于西方哲学界对儿童思维和认知的关注,它强调尊重学生的主体地位,重视学生的思维成长,启发他们进行批判性思考。这种教育理念与"三观"养成教育不谋而合,都致力于培养学生的独立思考能力和道德判断能力。在具体的教育实践中,儿童哲学被视作一种有力的教学策略。通过引导学生对哲学问题的探讨,激发他们的思考兴趣,提升他们的思维水平。

教育过程中的"三观"塑造指的是利用教育方法来引导学生树立正确的世界观、人生观和价值观。它强调以德育为核心,注重引导学生树立正确的思想观念和行为习惯。在这个过程中,儿童哲学能扮演一个关键的角色。通过引导学生对哲学问题的思考,儿童哲学能够帮助他们建立正确的价值观念,通过提升道德意识,可以塑造完整的人格和高尚的道德素养。同时,"三观"养成教育也需要借助儿童哲学的理念和方法,引导学生进行独立思考,培养批判性思维,从而形成正确的思想观念和行为习惯。具体来说,它在以下几个层面有所体现:

(1) 有助于提升思维能力。儿童哲学通过哲学对话和讨论等方式,培养学生的逻辑思维、辩证思维和批判性思维能力。在面对复杂问题时,学生能够运用所学的思维方法进行独立思考、理性判断,从而形成正确的世界观。世界观是人们对世界的总体看法和根本观点,它是在人们对自然、社会和人类自身的不断认识和思考中逐渐形成的。儿童哲学教育能够帮助学生培养科学的思维方式,使他们能够更加客观、全面地认识世界,从而为形成正确的世界观奠定基础。同时,儿童哲学教育还能够培养学生的人生观。人生观代表个体对生命目标、生活意义和生存价值的核心观念与态度。在对儿童进行哲学教育的过程中,我们引导学生思考深层次的人生议题,比如人生的真正意义,以及如何有意义地度过一生。这能帮助他们树立积极向上的人生态度和人生目标。

（2）提高道德认识。人们的行动模式与价值抉择往往深受道德观念这一价值观核心元素的影响。儿童哲学通过探讨道德问题，如"什么是善""什么是恶""为什么要遵守道德规范"等，帮助学生理解道德的本质和价值，培养学生的道德判断和道德选择能力。在这个过程中，学生能够逐渐形成自己的道德观念和道德标准，从而规范自己的行为，养成良好的道德习惯。通过儿童哲学教育，学生能学会从不同的角度思考道德问题，理解道德的多样性和相对性，培养宽容、尊重和理解他人的品质。同时，儿童哲学教育还能够培养学生的道德责任感，让他们认识到自己的行为对他人和社会的影响。因此，我们要主动遵循道德准则，积极落实道德行为，以此来奠定形成正确价值观的基础。

（3）构建价值观体系。儿童哲学鼓励学生们对周围的世界、生活意义以及价值观进行深刻的探索和反思。在他们成长的过程中，我们要协助他们建立科学的世界观、积极的人生观以及正确的价值观。在儿童哲学教育中，学生通过对哲学问题的探讨和思考，不断深化对自我、他人和社会的认识，逐渐形成自己的价值观念和价值体系。

我们的世界观、人生观和价值观是互相关联且互相作用的。积极的人生观建立在科学世界观的基础上，而正确价值观的实现则有赖于这样的人生观。正确的价值观具体表现为科学的世界观和积极的人生观。儿童哲学教育旨在发展学生的思考能力，同时增强他们的道德意识。我们要帮助学生建立科学的世界观、正面的人生观和正确的价值观，这样能为他们未来的发展打下稳固的基础。

二、文献综述

1. 国外儿童哲学教育研究现状

自 20 世纪 70 年代在西方兴起以来，儿童哲学作为一种独特的教育理念和实践模式，快速地吸引了全球范围内的广泛关注，并激发了深入的研究探索。这一领域的发展,离不开众多学者的不懈努力和深入探索,他们的研究成果为儿童哲学教育的理论构建和实践应用奠定了坚实的基础。

"儿童哲学之父"的称号属于马修·李普曼(Matthew Lipman),他在儿童哲学领域扮演了开创者和奠基人的角色。他的研究工作为儿童哲学的发展奠定了基石,不仅构建了坚实的理论体系,还在教学方法和资源上做出了突出贡献。李普曼深刻认识到传统教育模式在培养学生思维能力和创造力方面的不足,因此致力于构建一种全新的教育理念和方法。他认为,孩子们需要的并不是单纯灌输知识与传递信息的学校教育,这种索然无味的教育无法为学生提供感兴趣的刺激,只会白白消耗他们的创造性、主动性、思维力,学校教育应该将发展学生的思维置于关键地位。哲学思考是人类思维的核心活动,而学生天生具有哲学思考的能力和潜力。儿童哲学应作为一种理念和方法,来推动学校中思维教育的发展,以促进学生更好地思考。基于这一认识,李普曼开发了一套系统的儿童哲学课程,通过引导学生思考生活中的哲学问题,有效提升了他们的道德和伦理意识,深刻影响了儿童哲学的发展。李普曼的儿童哲学课程以小说的形式呈现,通过故事中的人物和情节引发学生的思考和讨论。这些故事不仅具有趣味性和吸引力,而且蕴含着深刻的哲学问题和思考线索。在教学过程中,教师引导学生对故事中的哲学问题进行深入的探讨和分析,帮助学生学会运用逻辑推理、分析论证等方法来解决问题和表达自己的观点。

他在《儿童哲学的教育价值》一书中阐述道:"通过引导儿童思考生活中的哲学问题,能够有效地提升他们的道德和伦理意识。"儿童哲学的发展方向深受这一理念的影响。在其晚年最重要的作品《教育中的思维:培养有智慧的儿童》中,体现了其对儿童哲学实践的总体性反思,强调了学校教育应该将发展学生的思维置于关键地位。他提出"思维不是单一的,而是多维度交织的。思维是各种不同形式的心灵行为(批判、创造和关怀)相互渗透,彼此交融的结果。批判性、创造性、关怀性是思维的三个重要维度。"批判性思维的作用在于决定相信什么或不相信什么,它不仅对外指向他人,也对内指向自己,是培养理性的重要途径;创造性思维为世界带来更多可能性,会努力打破旧的平衡,发现新的问题并创造新的情境与平衡;关怀性思维中,情感是思维的背景和框架,关怀是尊重、珍视、共情,是价值观的体现。教育应该致力于使这些思维相互融合,才能最终指向良好的判断。李普曼的研究成果不仅在教育领域产生了深远的影响,而且为哲学领域的发展开辟了新的方向。

加雷斯·B.马修斯(Gareth B.Mathews)是另一位在儿童哲学领域做出重要贡献的学者。他创造了"哲学探索社群"的理念。他认为,哲学不仅仅是一门学科,更是一种生活方式。马修斯强调,"哲学并非外在于儿童主体,儿童是天然的哲学家。从他的提问以及交谈中,儿童能够展示出的哲学的能力与天赋。"他主张将哲学融入儿童的日常活动中,让他们在玩耍、交流中发现哲学、运用哲学。儿童哲学应该关注学生的日常生活体验和困惑,通过哲学对话帮助他们理解世界和自身。学生在面对生活中的各种现象时,会自然地产生哲学性的疑问和思考,教育者应当敏锐地捕捉这些瞬间并引导学生深入探究。在他的著作《哲学与幼童》中深入探讨了儿童哲学在实践中的应用,他详细论述道:"哲学对话是培养儿童批判性思维能力的关键途径,儿童在平等交流的氛围中,能够勇敢地质疑、思考问题,并逐渐形成独立的思维模式。"强调了教师与学生在哲学探讨中的平等地位,鼓励学生自由发表观点,通过哲学对话来培养他们的批判性思维能力。

苏珊·恩格尔的《儿童哲学》提供了儿童哲学教育的理论基础,不仅关注儿童哲学的理论体系构建,还通过实验和案例研究验证了其在实践中的应用效果。在欧洲,"Philosophy with Children"的方法受到苏格拉底式对话的启发,强调与儿童共同进行开放式思维活动,重视培养儿童对智慧的热爱。正如学者史密斯在《欧洲儿童哲学教育的发展》中所指出的:"这种方法打破了传统教育的束缚,让儿童在自由的思考空间中探索真理。"

高夫(Nigel M. Gough)从跨学科的角度对儿童哲学进行了研究。他指出,儿童哲学与科学、艺术、文学等领域存在着密切的联系,可以通过跨学科的整合来丰富儿童哲学的教育内容和方法。

国外对儿童哲学的研究起步较早,理论体系较为完善,实践应用也较为广泛。西方学者普遍认为,儿童哲学不仅能够促进学生的思维发展,还能在道德教育、情感教育等方面发挥重要作用。大量的实证研究使他们证实了儿童哲学教育不仅有效,而且完全可行。在教学方法上,国外学者注重采用启发式、讨论式等互动教学方法,通过设计富有哲学意味的问题和情境,引导学生进行深入的思考和讨论。此外,他们还开发了多种儿童哲学教学资源,如哲学绘本、哲学游戏等,为教学实践提供了丰富的素材。

然而,尽管国外在儿童哲学研究方面取得了显著成果,但其研究背景和文化环境与我国存在较大差异,因此在借鉴其经验时需要注意本土化的问题。

2. 国内儿童哲学教育研究现状

相较于国外,国内对儿童哲学教育的研究起步较晚,但近年来这一领域逐渐受到学术界的重视,并取得了一定的研究成果。国内学者在借鉴国外儿童哲学教育理念和方法的基础上,结合我国教育实际和学生身心特点,进行了探索和实践。一些学者开始关注李普曼等国外学者的理论,并尝试将其引入国内的教育实践中。同时,也有研究者结合我国的教育文化背景,对儿童哲学教育进行本土化的探索。

在理论研究层面,国内学者对儿童哲学的核心概念、教育意义以及实践路径进行了广泛探讨。高振宇的《儿童哲学导论》作为国内儿童哲学研究的奠基之作,系统阐述了儿童哲学的起源、发展、核心理念及教育实践方法,强调了儿童哲学在培养创新型人才方面的重要作用,这为国内的教育从业者提供了一个认识儿童哲学的途径。他在书中提到:"儿童哲学教育是培养创新型人才的重要途径,能够激发儿童的内在潜能。"潘小慧的《儿童哲学的理论与实践》通过丰富的案例和实践经验,生动展示了儿童哲学在不同教学场景下的具体应用。潘小慧不仅详细介绍了如何设计哲学问题引导学生思考,还分享了如何将儿童哲学融入日常课程、如何通过绘本和游戏等形式开展儿童哲学教育等具体策略。这些实践经验为一线教育工作者提供了可借鉴、可操作的实践指导,帮助他们更好地将儿童哲学理念融入教学实践中。吉林大学教授孙正聿认为:"儿童哲学离不开三个关键词——儿童、哲学、儿童哲学,研究儿童哲学需要对儿童与哲学有着真实的理解,儿童教育与儿童哲学最重要的是要激发儿童的好奇心、培育儿童的责任心、养成儿童的自尊心。"孙教授关于儿童哲学的观点与培养儿童"三观"教育具有密切的关联性。儿童哲学以学生为本,融合哲学智慧,旨在通过激发学生好奇心、培育责任心、养成自尊心,奠定正确"三观"基础,引导学生成长为有思想、有责任、有自尊的新时代少年。

四川大学哲学教授刘莘提出:"儿童的心智和领悟力需要在当下的经验涌动中生成。反对没有建构的批判,认为只有伟大的建构才有伟大的批判,这才是基于理性精神的思辨。""在信息爆炸的时代,文字阅读的本质意义不在于获取信息和一般性知识,而在于支撑精神发育,使儿童在成长中既能保持好奇与创造,又能获得深度与高度。这也是儿童哲学在当今人工智能时代的意义所在,即帮助儿童成为无法还原为数据和算法的、有思想的人,是为捍卫人性的重要举措。"在经验涌动中滋养心智,以理性思辨推动批判力,文字阅读则滋养精神成长,激发好奇与创造,引领学生在信息洪流中追求深度与高度。儿童哲学于此时代更显重要,它助力学生超越数据与算法,成长为有独立思想、人性光辉的新时代栋梁,夯实"三观"之基。

在教学实践层面,国内学者积极探索儿童哲学教育的本土化路径。吴国平的《课程中的儿童哲学》和曹京蓉的《绘本里的儿童哲学:理念与实例》等书籍,更是将儿童哲学与具体的教学实践相结合,提供了丰富的教学案例和方法。吴国平的研究聚焦于如何将儿童哲学融入课程体系,以提升课程的深度和广度。他在书中提出了一系列具体的教学设计方案和实施路径，包括如何构建哲学主题单元、如何设计哲学讨论活动、如何评估儿童哲学教育效果等。这些研究成果为教育工作者在课程体系中融入儿童哲学提供了系统性的指导。他在书中强调："将儿童哲学融入课程体系，能够提升课程的深度和广度，培养儿童的综合素养。"曹京蓉的研究则聚焦于绘本这一载体在儿童哲学教育中的应用。其著作中也指出："绘本作为儿童哲学教育的载体，能够以生动有趣的方式引导儿童进行哲学思考。"她通过分析不同绘本中的哲学元素和教育价值，展示了如何利用绘本引导儿童进行哲学思考。同时，她还提供了大量具体的教学实例和操作方法，帮助教育工作者将绘本与儿童哲学教育有效结合，实现寓教于乐的教学效果。

这些研究不仅丰富了儿童哲学的理论内涵，也为教育实践提供了坚实的理论支撑。它们共同构成了国内儿童哲学教育研究的重要基础，推动了该领域的不断发展和进步。

近年来，国内对儿童哲学教育的研究逐渐增多，主要集中在儿童哲学理论的引入与本土化实践上。学者们普遍认为，儿童哲学作为一种新兴的教育理念，对培养学生的独立思考能力、批判性思维以及道德判断能力具有重要意义。然而，现有研究多停留在理论探讨层面，对具体的教学实践和方法创新关注较少。与此同时，越来越多的学校开始将儿童哲学融入日常教学之中，试图通过哲学的思考方式，培养学生独立思考和解决难题的能力，同时树立起正确的世界观、人生观和价值观。特别是温州瓦市小学，在儿童哲学与学科融合方面展开了深入的研究和实践，取得了一系列丰硕的成果，为广大教育工作者提供了一种全新的视角和方法。

尽管儿童哲学在全球范围内得到了推广和应用，但关于其在"三观"养成教育中的具体应用与实践研究尚显不足。特别是在国内，虽然已有学校进行了尝试，但儿童哲学如何有效融入学校课程体系，特别是在学生"三观"养成教育中的具体应用，尚缺乏系统性的研究和深入的案例分析。儿童哲学教育侧重于发掘学生本质上是哲学家的特质,学生们自发地提出和探究哲学问题,这是他们本能的行为。教育工作者需认识到,儿童天生具备逻辑推断、创新思维和独立思想的才能,这些能力在他们与大人及同龄人的互动中会不断进步。

儿童哲学教育的推广和发展,需要教育者、家长以及整个社会的共同努力。通过创造合理的阶梯与空间,帮助学生实现进一步的成长,让思考力为学生的人生奠基。儿童哲学教育不仅要求学生,更要求教师和家长。如果教师没有达到这个能力,没有办法引导学生思考问题,上这个课是非常吃力的。在儿童哲学教育的实际操作中,教师应当努力营造一个充满自由和民主精神的课堂氛围,让学生在真诚、信任的积极氛围中提出各种疑问,轻松地讨论不同的观点与意见。通过对话和探究共同体的方式,促进学生思维的成长,培养学生的思维能力和判断力。

3. "三观"养成教育研究现状

"三观"养成教育,作为塑造个体道德品质、价值观念和行为规范的重要德育手段,近年来,已经引发了热烈的讨论,吸引了学者和教育工作者的大量关注,成为研究的焦点。众多学者从多元化的学科背景和研究视角出发,深入探讨了"三观"养成教育的丰富内涵、多元目标、多样方法和多种实施途径。

在内涵层面,学者们普遍认为"三观"养成教育是一个长期且复杂的过程,旨在引导个体形成正确的世界观、人生观和价值观,使个体能够以科学、理性、积极的态度去认识自我、认识社会、认识世界。在目标设定上,部分学者主张"三观"养成教育的目标应聚焦于培养学生的道德判断能力、价值选择能力、社会责任感以及创新精神;还有学者提出,应注重培养学生的全球视野、文化包容意识以及可持续发展观念,以适应全球化时代的发展需求。

在方法与途径的探究中,一些学者倡导运用榜样示范法,通过树立正面的榜样形象,引导学生模仿学习;情境教学法也受到了广泛关注,学者们认为创设生动、真实的教学情境,能够让学生在亲身体验中感悟和形成正确的"三观";此外,还有学者强调实践锻炼法的重要性,鼓励学生通过参与社会实践活动,在实践中深化对"三观"的理解和应用。

然而,综观当前的研究现状,不难发现其中仍存在一些不足之处。现有研究大多侧重于理论层面的深入探讨,构建了较为丰富的理论框架,但对具体的教学实践层面关注明显不够,导致理论与实践之间存在一定程度的脱节。特别是在儿童"三观"养成教育这一特定领域,由于儿童正处于身心发展的关键时期,其认知能力和心理发展具有独特的阶段性特点,如何紧密结合这些特点,设计出科学合理、切实可行的教学方案,以提高"三观"养成教育的针对性和实效性,是当前研究尚未充分解决的问题。

此外,现有研究在教学资源的开发与利用、教学环境的创设、教学评价的实施等方面也存在一定的空白,这些问题都亟待进一步深入研究和探索,以推动儿童"三观"养成教育的理论与实践不断向前发展。

4. 家庭教育与学校教育的互动问题

家庭教育与学校教育是儿童成长过程中相辅相成、不可或缺的两个重要环节,它们在儿童"三观"的养成过程中分别发挥着独特而不可替代的作用。然而,在实际教育实践中,两者之间存在着互动不足的问题,严重制约了教育效果的充分发挥。

(1) 沟通不畅导致信息不对称

在儿童教育过程中,家庭教育与学校教育之间的有效沟通与信息共享是实现协同育人的基础和前提。然而,当前在两者之间存在着沟通不畅,信息交流不及时、不充分等问题,导致双方在儿童教育方面存在严重的信息不对称。一方面家长对学校的教育教学计划、课程设置、教学内容、教学进度以及学生在学校的学习表现、行为表现等方面缺乏全面、深入的了解。学校在制定教育教学方案和组织教学活动时,未能充分考虑家长的需求和意见,也未能及时向家长反馈学生在学校的学习情况和成长状况,导致家长无法有效地配合学校开展教育教学工作,难以对学生进行有针对性的辅导和教育。另一方面,学校对学生在家庭中的生活环境、学习习惯、兴趣爱好、个性特点以及家庭的教育方式、教育资源等方面了解不够深入。由于缺乏与家长的密切沟通和合作,学校难以根据学生的家庭背景和个体差异制定个性化的教育方案,无法满足学生的多元化学习需求,影响了教育教学的针对性和实效性。这种信息不对称不仅导致家庭教育与学校教育之间无法形成有效的教育合力,还造成了教育资源的浪费和教育效率的低下,严重影响了学生的健康成长和全面发展。

(2)教育理念和方法的不一致

家庭教育与学校教育在教育理念和教育方法上存在着一定的差异和冲突,这也是影响两者协同育人效果的重要因素之一。在教育理念方面,一些家长过于注重孩子的学习成绩和升学目标,忽视了孩子的全面发展和个性培养,采取"唯分数论"的教育理念。而学校则强调素质教育,注重培养学生的创新能力、实践能力、社会责任感等综合素质。这种教育理念上的差异容易导致学生在学习目标和发展方向上产生迷茫和困惑,影响其学习积极性和主动性。在教育方法方面,一些家长在教育孩子时缺乏科学的方法和策略,往往采用简单粗暴的打骂方式或过度溺爱的方式,导致孩子出现逆反心理或依赖心理。而学校则遵循教育教学规律,采用科学、系统的教学方法和管理方式对学生进行教育和引导。这种教育方法上的不一致容易使学生在不同的教育环境中产生行为和心理上的冲突,影响其良好行为习惯和道德品质的养成。为了有效解决这些问题,需要加强家庭教育与学校教育之间的沟通与协作,促进教育理念和教育方法的相互融合与统一。家长应树立正确的教育观念,积极学习科学的教育方法,与学校保持密切的联系和配合,共同为孩子的成长创造良好的教育环境。学校应加强对家长的教育指导和培训,引导家长树立科学的教育理念,掌握正确的教育方法,提高家庭教育的质量和水平。

(3) 家校共育机制不健全

家校共育作为一种新型的教育模式,旨在通过家庭与学校之间的密切合作与协同育人,实现教育资源的优化整合和教育效果的最大化。然而,当前在许多学校中,家校共育机制尚未建立健全,缺乏系统、规范的制度保障和运行机制。一方面,一些学校虽然成立了家长委员会等家校合作组织,但在实际运行过程中,这些组织往往缺乏明确的职责分工、规范的工作流程和有效的监督机制,导致其工作流于形式,无法真正发挥作用。此外,学校在组织家校合作活动时,缺乏针对性和实效性,活动内容和形式单一,无法满足家长和学生的实际需求,影响了家长参与家校共育的积极性和主动性。另一方面,一些家长对家校共育的认识不足,缺乏参与学校教育教学活动的热情和意愿,认为教育孩子是学校的责任,与自己无关。这种观念上的偏差导致家长在家校共育中处于被动地位,无法与学校形成有效的教育合力。为了建立健全家校共育机制,需要学校、家庭和社会各方共同努力。学校应加强对家校共育工作的组织领导,完善家校共育的制度体系和运行机制,明确各方的权利和义务,加强对家长委员会等家校合作组织的管理和指导,提高家校共育工作的规范化、科学化水平。家庭应树立正确的教育观念,增强参与家校共育的意识和责任感,积极配合学校开展教育教学活动,为孩子的成长提供良好的家庭支持。社会应加强对家校共育工作的宣传和引导,营造良好的社会氛围,为家校共育工作提供必要的资源和支持。

5. 研究缺口与拟解决的关键问题

通过对国内外相关文献的全面梳理与深入分析后发现,尽管儿童哲学在教育领域中的应用已逐渐受到关注,但其在儿童"三观"养成教育中的应用仍存在诸多亟待解决的问题和研究缺口,主要表现在以下几个关键方面:

(1) 缺乏系统性研究

现有的相关研究大多局限于对儿童哲学的理论内涵、教育价值等基本问题的一般性探讨,尚未能从系统论的视角出发,深入探究儿童哲学与"三观"养成教育之间的内在逻辑关系、相互作用机制以及协同发展模式。对于如何将儿童哲学的理念、方法与"三观"养成教育的目标、内容进行有机整合,构建起一个完整的教育体系,当前的研究尚处于初级阶段,明显缺少系统与深度的理论框架搭建及实际操作的探究。

(2) 传统教育模式的局限

传统教育模式在长期的教育实践中占据主导地位,然而,在当今时代背景下,其固有局限逐渐凸显。传统教育模式往往将重点置于知识的单向传递和技能的机械性训练,以应试教育为核心导向,追求标准化的知识掌握和技能提升,却忽视了学生思维能力、道德观念和价值观等深层次素养的培育与发展。在这样的教育模式中,教学活动往往围绕教师展开,学生处于被动状态,主要任务是接收知识的传递;强调记忆和重复的学习方式,缺乏对学生好奇心、探索欲的激发,以及对批判性思维、创新能力的培养。这种教学方式导致学生在面对复杂现实问题时,往往缺乏独立思考、深入分析和准确判断的能力,难以运用所学知识灵活解决实际问题。此外,传统教育模式在学科设置和教学内容上呈现出明显的条块分割状态,过于注重单一学科知识的传授,忽视了学科之间的交叉融合与综合运用。这种教育方式使得学生的知识结构呈现出碎片化、孤立化的特征,思维方式也受到局限,难以形成跨学科、综合性的思维模式和解决问题的能力,无法满足现代社会对复合型人才的需求。

(3) 家庭文化教育资源匮乏

家庭作为儿童成长过程中的首要教育环境,对儿童的道德品质、价值观念、行为习惯的形成具有深远影响。然而,在现实生活中,由于多种因素的制约,许多家庭在为儿童提供全面、优质的"三观"教育方面存在诸多困难。

一是部分家长自身的教育理念滞后,缺乏科学、系统的教育知识和方法,对儿童"三观"教育的重要性认识不足,无法有效地引导儿童树立正确的世界观、人生观和价值观。在教育实践中,他们往往更关注儿童的物质需求和学习成绩,而忽视了儿童的精神世界和道德品质的培养,导致儿童在道德认知、价值判断等方面出现偏差。

二是现代社会的快节奏生活和高强度工作压力,使得许多家长与儿童之间的交流时间极为有限。他们无法深入了解儿童的思想动态、心理需求和情感变化,难以在儿童成长的关键时期给予及时、有效的指导和支持,从而影响了儿童"三观"的正确形成与发展。

三是一些家庭在文化教育资源的投入和储备方面存在不足,缺乏适合儿童阅读的优质书籍、具有教育意义的影音资料以及丰富多样的文化活动等。这在一定程度上限制了儿童的学习视野和知识获取渠道,阻碍了儿童在"三观"教育方面的学习与进步。

(4) 教育内容单一、方式陈旧

在儿童"三观"教育的实践中,学校存在着教育内容单一、教学方式陈旧等问题,严重影响了教育效果的提升。在教育内容方面,许多学校的"三观"教育仍依赖于传统教材,内容更新滞后,缺乏时代性和针对性。思想品德课程等相关教育内容过于抽象化、理论化,与学生的日常生活实际脱节,难以引发学生的情感共鸣和认知兴趣。同时,教育内容的设计缺乏系统性和层次性,未能充分考虑不同年龄段学生的认知水平和心理特点,教育内容的复杂性可能超越了学生的接纳能力,造成了不协调。在教学方式上,传统的讲授式教学方法仍然占据主导地位,教师在课堂上照本宣科,学生被动接受,缺乏互动交流和实践探究环节。

这种教育模式遏制了学生的积极性和创新能力,也束缚了他们思维的发展和妨碍了技能的提高。另外,教育方法比较单一,没有充分利用现代信息技术的优势,无法为学生营造生动、直观、有趣的学习情境,难以激发学生的学习热情和积极性。除此之外,学校在教育过程中缺乏对学生个体差异的关注,未能制定个性化的教育方案,无法满足不同学生的学习需求和发展特点。这种"一刀切"的教育模式使得部分学生在学习过程中感到枯燥乏味、力不从心,进而影响了他们对"三观"教育的接受度和认可度。

(5) 社会文化环境的复杂性

随着社会的快速发展和全球化进程的加速,社会文化环境日益呈现出多元化、复杂化的特征。在成长旅途中,学生会不断受到家庭、学校教育的熏染,同时,社会文化环境对他们的影响和塑造也不可忽视。一方面,多元文化的交流与融合为学生提供了更加广阔的视野和丰富的学习资源,促进了学生对不同文化的认知和理解,培养了学生的跨文化交流能力和包容精神。同时,互联网等现代信息技术的普及为学生获取信息、知识和文化提供了便捷的渠道,拓宽了学生的学习空间和认知领域。另一方面,社会文化环境中也存在着诸多消极因素。网络空间中充斥着大量的不良信息,这些不良信息严重侵蚀着学生的心灵,扭曲了学生的价值观和道德观。此外,市场经济环境下的功利主义、消费主义、享乐主义等不良思潮的蔓延,也对学生的价值判断和行为选择产生了负面影响,导致部分学生出现信仰缺失、道德滑坡、行为失范等问题。这种复杂多变的社会文化环境给学生"三观"教育带来了巨大的挑战和困难,要求教育者必须高度重视社会文化环境对学生成长的影响,积极引导学生正确认识和对待社会文化现象,增强文化辨别能力和价值判断能力,在纷繁复杂的社会文化环境中保持清醒的头脑和坚定的信念。

(6) 评价体系不完善

目前,对于儿童哲学在"三观"养成教育中的效果评价,尚未建立起一套科学、完整、有效的体系。现有的评价方法多以考试成绩、作业完成情况等传统的量化评价指标为主,缺乏对学生的思维能力、价值观念、道德品质等核心素养的全面、深入、动态的评价。这种评价体系不仅无法准确反映儿童哲学在"三观"养成教育中的实际效果,也不利于及时发现教学过程中存在的问题和不足,难以对教学实践进行有效的指导和改进。

为填补上述研究缺口,本书期望通过综合运用教育学、心理学、哲学等多学科的理论和方法,系统分析儿童哲学与"三观"养成教育的内在联系和相互作用机制,充分借鉴国内外先进的教育理念和教学经验,结合我国儿童的身心发展特点和教育教学实际,设计出一套科学合理、具有针对性和可操作性的教学方案,并通过开展实证研究,对教学方案的有效性和可行性进行验证和优化。

本书拟研究的主要问题有以下几点。

(1) 课程体系构建

构建适合儿童认知特点和心理发展规律的儿童哲学课程体系是一个复杂而细致的过程。首先,我们需要深入了解学生的思维发展阶段,包括从具体形象思维向抽象逻辑思维的过渡特点,确保课程内容既不过于深奥也不失启发性。同时,通过问卷调查、访谈等方式收集学生的兴趣爱好和学习需求,使课程内容贴近学生的生活实际和心理期待。

在课程内容设计上,我们将哲学知识、思维方法和价值观念有机融合,通过故事讲解、案例分析、角色扮演等多种形式呈现,确保既有深度又不失趣味性。例如,可以设计以"勇敢与责任"为主题的单元,通过讲述英雄故事、讨论现实生活中的责任担当案例,引导学生思考何为勇敢、如何承担责任,同时培养他们的逻辑思维和道德判断能力。

为了增强课程的启发性和挑战性,我们还将设计一系列具有开放性的问题,鼓励学生主动思考、积极发言,培养他们的批判性思维和创新能力。同时,通过小组合作、辩论赛等活动形式,提高学生的团队协作能力和口头表达能力。

(2) 教学方法创新

创新教学方法是提高儿童哲学教学互动性和趣味性的关键。我们将积极探索问题导向教学法,通过提出具有挑战性的问题,引导学生主动探索、寻找答案,激发他们的求知欲和探索欲。小组合作探究法则鼓励学生组成小组,共同研究问题、分享观点,培养他们的团队协作能力和批判性思维。

情境教学法则通过模拟真实或虚构的场景,让学生在特定的环境中学习和体验哲学知识,增强学习的沉浸感和实效性。例如,可以设计一场"小小哲学家辩论会",让学生在模拟的辩论场景中运用所学知识进行思考和表达。

游戏教学法则是利用游戏的形式,让学生在轻松愉快的氛围中学习哲学知识。我们可以设计一系列与哲学相关的游戏,如"哲学迷宫""价值观接龙"等,让学生在游戏中体验哲学的魅力,同时培养他们的逻辑思维和创新能力。

(3) 评价体系建立

建立科学的评价体系是全面评估儿童哲学在"三观"养成教育中实际效果的基础。我们将综合考虑学生知识掌握、思维能力、价值观念、道德品质等多个维度的发展情况,采用多元化评价方法,确保评价的全面性和客观性。

形成性评价将贯穿整个教学过程,通过日常观察、作业批改、课堂表现等方式收集学生的学习情况,及时反馈给学生和教师,以便及时调整教学策略和学习方法。终结性评价则通过期末考试、项目展示等形式,评估学生对课程内容的掌握程度和应用能力。

定性评价和定量评价相结合,既能描述学生的学习状态和成长过程,又能通过具体的数据指标衡量学生的学习成果。同时,自我评价与他人评价相结合,让学生参与到评价过程中来,培养他们的自我反思能力和批判性思维。

(4) 理论深化

深化儿童哲学与"三观"养成教育的理论研究是推动教育实践不断发展的重要动力。我们将深入分析儿童哲学对学生世界观、人生观、价值观形成的影响机制,探究其如何激发学生的批判性思维、道德推理和创新能力。

通过文献综述、实证研究等方法,我们将总结国内外关于儿童哲学与

"三观"养成教育的研究成果和经验教训,构建符合我国国情的理论框架。同时,我们将关注教育实践中的新问题和新挑战,不断探索和创新教育策略和方法,为儿童哲学教育的深入发展提供理论支持和实践指导。

(5) 教育模式突破

突破传统教育模式的束缚是实现儿童哲学教育创新的重要途径。我们将设计以学生为中心的教学模式,强调学生的主体地位和参与性,鼓励他们积极表达自己的观点和想法。同时,我们将探索跨学科教学方法,将哲学与其他学科如语文、数学、科学等相融合,培养学生的综合素养和跨学科思维能力。

引入项目式学习、探究式学习等现代教育理念,让学生在真实的情境中学习和解决问题,培养他们的自主学习能力和实践能力。通过项目式学习,学生可以围绕一个主题进行深入的研究和探索;通过探究式学习,学生可以在教师的引导下主动发现问题、提出假设并验证假设。

(6) 家庭文化资源优化

优化家庭文化教育资源是促进家校合作、提高教育质量的重要举措。我们将加强对家长的教育培训,提高他们对儿童哲学教育的认识和理解,促进家校之间的有效沟通和合作。通过举办家长讲座、分享会等活动形式,向家长传授科学的教育方法和理念,帮助他们更好地理解和支持孩子的学习成长。

鼓励家长与孩子进行更多的情感交流和心理支持,关注孩子的心理健康和情感需求。家长可以通过陪伴孩子阅读哲学故事、参与孩子的哲学讨论等方式,增进与孩子的情感联系和相互理解。同时,家长还可以提供丰富多样的学习资源,如哲学书籍、影音资料等,丰富孩子的学习体验和开阔他们的视野。

(7) 教育内容与方式创新

丰富教育内容和创新教学方式是提高儿童哲学教育质量的关键。我们将不断更新教育内容,引入时代性强、贴近学生生活的素材和案例,使课程内容更加生动有趣且富有时代感。同时,我们将运用现代信息技术手段创新教学方式方法,如利用虚拟现实(VR)、增强现实(AR)等技术手段营造沉浸式的学习体验,利用网络平台和社交媒体等渠道拓展学习资源和交流空间。

推行个性化教育以满足不同学生的学习需求和发展特点。通过个性化评估了解学生的兴趣爱好、学习风格和潜能特点等信息后,为他们量身定制合适的教育内容和教学方法。例如,对于喜欢动手实践的学生可以提供更多的实验和项目操作机会,对于喜欢阅读和思考的学生则可以提供更多的哲学书籍和讨论话题等资源支持。

(8) 应对社会文化环境挑战

应对社会文化环境的挑战是保障学生健康成长和全面发展的重要任务之一。我们将深入分析社会文化环境对学生成长的影响机制,识别其中的消极因素并采取相应的应对措施。例如:针对网络暴力、不良信息等消极因素可以通过加强网络安全教育、提供健康有益的网络资源等方式进行预防和干预;针对社会竞争压力过大的问题则可以通过开展心理健康教育、培养学生的抗压能力和自我调节能力等方式进行缓解和疏导。

同时我们还将培养学生的文化辨别和价值判断能力,引导他们正确认识和对待社会文化现象。通过教育活动和案例分析等方式帮助学生了解不同文化的特点和价值观念,培养他们的文化自觉性和价值判断力,使他们能够在多元文化环境中保持清醒的头脑和正确的价值取向。

我们还将借助街道社区、村民居委会、社会公益组织等力量共同为学生营造安全、和谐、富有教育意义的成长环境。通过与社区合作开展丰富多彩的课外活动和社会实践活动,通过与社会组织合作提供心理咨询、法律援助等专业支持服务等共同为学生的健康成长和全面发展保驾护航。

第三章

研究设计与实施策略

一、研究目标与内容

1. 研究目标

本书的核心目标是通过深入探索儿童哲学在小学阶段的应用，有效促进学生世界观、人生观和价值观的全面养成。儿童时期是个体认知发展和价值观形成的关键阶段，在此期间进行有效的教育干预对于学生的终身发展具有深远意义。具体而言，我们期望通过儿童哲学的教育方法，提升学生的思辨能力，强化他们的道德素质，并塑造其积极向上的价值观念，为学生的终身发展奠定坚实的基础。我们期望通过科学的研究方法，有效促进学生"三观"的全面养成，达成以下具体目标：

（1）提升学生的思辨能力

提升学生的思辨能力是培养其独立思考和理性判断能力的关键。在信息爆炸的时代，海量的信息如潮水般涌来，其中真假混杂、良莠不齐。对于学生而言，他们尚处于认知发展的初期阶段，缺乏足够的经验和能力去辨别信息的真伪、分析问题的本质。学生需要具备批判性思维，能够辨别信息的真伪、分析问题的本质，从而更好地应对生活和学习中的各种挑战。

批判性思维是一种理性的、反思性的思维方式，它要求个体能够对所接收到的信息进行深入的分析、评估和推理，不盲目接受和轻信，而是通过自己的思考和判断来形成观点和结论。通过儿童哲学教育，我们希望为学生提供一个思考和探索的平台，让他们在哲学问题的深入思考和讨论中，锻炼自己的逻辑思维、辩证思维和创新思维能力。逻辑思维是批判性思维的基础，它要求个体能够遵循一定的逻辑规则和推理方法，对问题进行有条理的分析和论证。在儿童哲学的教学过程中，我们可以通过引导学生对哲学问题进行逻辑推理和分析，帮助他们掌握基本的逻辑思维方法，提高他们的逻辑推理能力。辩证思维是一种全面、系统、动态的思维方式，它要求个体能够从多个角度、多个方面去看待问题，认识到事物的复杂性和多样性，以及事物之间的相互联系和相互转化。通过哲学问题的讨论和分析,我们可以引导学生从不同的角度去思考问题,培养他们的辩证思维能力,使他们能够更加全面、深入地认识世界和解决问题。创新思维是批判性思维的核心,它要求个体能够突破传统的思维模式和观念,提出新颖、独特的观点和解决方案。在儿童哲学的教学中,我们鼓励学生自由地思考和表达自己的观点,不受传统观念和思维模式的束缚,培养他们的创新思维能力,使他们能够在未来的学习和生活中,不断地提出新的观点和解决方案,为社会的发展和进步做出贡献。

(2) 强化学生的道德素质

强化学生的道德素质是培养具有良好品德和社会责任感的公民的重要任务。道德是人类社会发展的基石,它关系到个体的成长和社会的和谐稳定。在小学阶段,学生正处于道德观念形成的关键时期,此时对他们进行正确的道德引导和教育,对于培养他们的道德品质和社会责任感具有重要意义。

道德观念和道德行为的形成不仅需要知识的传授,更需要通过深入的思考和实践来内化。儿童哲学教育为我们提供了一个全新的视角和方法,来引导学生对道德问题进行深入的思考和探索。通过对正义、公平、善良等道德问题的哲学思考,学生可以理解道德的本质和价值,认识到道德不仅仅是外在的规范和约束,更是内在的品质和素养。道德判断和道德选择能力是道德素质的核心。在现实生活中,学生常常会面临各种各样的道德困境和选择,如何做出正确的道德判断和选择,是他们必须面对的问题。通过儿童哲学教育,我们可以引导学生对道德困境进行深入的分析和讨论,帮助他们掌握道德判断和道德选择的方法和原则,培养他们的道德判断和道德选择能力,使他们能够在面对道德问题时做出正确的选择和决策。正确的道德观念和道德行为习惯是道德素质的外在表现。通过儿童哲学教育,我们可以引导学生树立正确的道德观念,如尊重他人、关爱他人、诚实守信、勇于担当等,使他们认识到这些道德观念的重要性和价值。同时,我们还可以通过实践活动和日常教育,帮助学生养成良好的道德行为习惯,使他们能够将道德观念转化为实际的道德行为,在日常生活中践行道德规范和道德原则。

(3) 塑造积极向上的价值观念

塑造积极向上的价值观念是帮助学生树立正确的人生目标和生活态度的重要途径,价值观念的形成直接影响着学生的人生选择和行为取向。

人生的意义、价值和目标是人类永恒的思考主题,对于儿童而言,引导他们对这些问题进行深入的思考,有助于帮助他们树立积极向上的人生态度,明确自己的人生目标和价值追求,为未来的生活和社会发展做出积极贡献。

在儿童哲学教育中,我们通过引导学生对人生的意义、价值和目标进行深入的思考和讨论,帮助他们认识到人生的意义不在于追求物质的享受和外在的荣誉,而在于追求真、善、美,在于为他人和社会做出贡献。同时,我们还可以帮助学生树立正确的价值观念,如尊重生命、关爱他人、保护环境、追求和平等,使他们认识到这些价值观念的重要性和价值,从而在日常生活中自觉践行这些价值观念。

社会责任感和使命感是个体对社会和他人的责任意识和担当精神,它是个体价值实现的重要途径。通过儿童哲学教育,我们可以引导学生关注社会问题,了解社会的需求和发展方向,培养他们的社会责任感和使命感,使他们认识到自己作为社会的一员,有责任和义务为社会的发展和进步做出贡献。同时,我们还可以通过实践活动和社会服务,让学生亲身体验社会责任感和使命感的重要性和价值,从而激发他们的积极性和主动性,为社会的发展和进步贡献自己的力量。

2. 研究内容

(1) 儿童哲学课程的设计与实施

认知发展理论指出,儿童的认知发展处于从具体运算阶段向形式运算阶段过渡的时期,这意味着他们开始具备一定的逻辑思维能力,但仍需要具体的实例和情境来支持他们的学习和思考。因此,在课程内容的设计上,我们充分考虑学生的认知特点和兴趣爱好,选择贴近他们生活实际、易于理解和接受的哲学主题,如友谊、勇气、幸福等。这些主题不仅与学生的日常生活息息相关,能够引起他们的共鸣和兴趣,而且蕴含着丰富的哲学内涵和思考价值。

为了更好地激发学生的学习兴趣和探索欲望,我们结合童话故事、寓言故事、神话传说等文学形式,将哲学思想融入其中。童话故事通常具有生动的情节、鲜明的人物形象和丰富的想象力,能够吸引学生的注意力。例如,通过《白雪公主》的故事,我们引导学生思考美与丑、善与恶的哲学问题;通过《龟兔赛跑》的寓言故事,我们引导学生探讨勤奋与懒惰、坚持与放弃的哲学问题;通过古希腊神话中普罗米修斯盗火的故事,我们引导学生思考勇气、牺牲和正义的哲学问题。这些文学形式不仅能够使抽象的哲学问题变得生动有趣、易于理解,而且能够让学生在欣赏故事的过程中,潜移默化地接受哲学思想的熏陶和启发。此外,我们还根据不同年级学生的认知水平和兴趣特点,对课程内容进行分层设计。对于低年级的学生,我们选择了一些简单易懂、趣味性强的哲学主题,如友谊、快乐等,通过故事讲述、图片展示、游戏活动等形式,引导他们初步接触和了解哲学问题;对于中年级的学生,我们选择一些具有一定深度和挑战性的哲学主题,如勇气、诚实等,通过小组讨论、角色扮演、案例分析等形式,引导他们深入思考和探讨哲学问题;对于高年级的学生,我们选择一些更加抽象和复杂的哲学主题,如人生意义、自由意志等,通过作文写作、主题辩论、小调研等形式,引导他们系统地学习和研究哲学问题。

采用多样化的教学方法对于激发学生的学习兴趣和参与度至关重要。哲学讨论作为核心教学方法之一,具有重要的教育价值和意义。通过组织学生围绕特定哲学问题进行讨论,我们为学生提供一个自由表达观点和看法的平台,鼓励他们积极思考、勇于表达,培养他们的思维能力和表达能力。在哲学讨论的过程中,教师需要扮演好引导者和组织者的角色,为学生营造一个宽松、民主、平等的讨论氛围,鼓励学生相互倾听、相互尊重、相互启发。我们鼓励教师通过提出开放性的问题,如"什么是友谊""什么是勇气""什么是幸福"等,引导学生从不同的角度思考和回答问题。在学生发表观点和看法的过程中,教师要认真倾听,及时给予肯定和鼓励,同时也要适时质疑和追问,引导学生进一步深入思考和探讨问题。

角色扮演是另一种有效的教学方法,它可以让学生深入体验哲学问题所蕴含的情境和意义,增强情感共鸣和认知理解。在角色扮演活动中,教师根据哲学问题设计相应的情境和角色,让学生扮演不同的角色,亲身体验角色的思想、情感和行为。例如,在探讨"公平与正义"的哲学问题时,教师设计了一个法庭审判的情境,让学生分别扮演法官、律师、原告、被告等角色,通过模拟法庭审判的过程,学生深入体验公平与正义的内涵和意义。

案例分析是一种将理论知识与实际生活相结合的教学方法,它可以选取生活中的实际案例,引导学生运用哲学思维进行分析和思考,培养学生解决实际问题的能力。在案例分析教学中,教师选择一些具有代表性的案例,如校园霸凌事件、环境保护问题、社会公德问题等,引导学生从哲学的角度分析案例中所涉及的问题和矛盾,提出自己的观点和解决方案。通过案例分析,学生可以将所学的哲学知识运用到实际生活中,提高他们的实践能力和综合素质。

除了哲学讨论、角色扮演、案例分析等教学方法外,我们结合游戏教学法、故事讲述法、小组合作探究法等多种教学方法,灵活选择和组合,以满足、迎合不同学生的学习需求和兴趣爱好,提高教学效果。

资源整合是儿童哲学课程设计与实施的重要环节,它对于丰富课程内涵、提升教学质量具有重要意义。我们充分整合校内外的各种资源,为儿童哲学课程的开展提供有力的支持。

图书馆是学校重要的学习资源中心,拥有丰富的哲学书籍、期刊等资源。我们利用图书馆的资源,为学生提供学习资料和阅读指导,引导学生通过阅读哲学书籍和文献,拓宽自己的哲学视野和知识面。我们在扬帆亭设置了流动书柜,为放学后等候家长的学生开辟了阅读区,定期更换书籍,鼓励小伙伴共读共分享,激发学生的阅读兴趣和积极性。

网络平台为我们提供了便捷、丰富的学习资源和交流平台。我们利用学校的网络平台资源——钉钉在线课堂、电子绘本书库、腾讯会议室、校园网站和学校微信公众号等,拓宽学生的学习资源和交流渠道。我们引导教师观看优质的儿童哲学在线课程,学习专业的哲学知识和教学方法;组织学生参与儿童哲学课堂的讨论和交流,与来自不同地区、不同背景的人分享自己的观点和看法;充分使用教育网站上的哲学教学资源,如教学课件、教学视频、教学案例等,丰富教学内容和教学形式。

哲学家、教育专家等具有丰富的学术知识和实践经验,他们的讲座和指导对于学生的学习和成长具有重要的启发和引导作用。我们定期邀请他们举办讲座,介绍哲学前沿动态和研究成果,拓宽学生的视野和思路。同时邀请他们参与课程设计和教学指导,为儿童哲学课程的开展提供专业的支持和建议。

儿童家庭、街道社区、居委会、社会公益组织等均是校外实践活动的重要场所,它们为学生提供了丰富的实践资源和学习机会。我们与刚泰社区、三灶居委会、沃岭助学等机构合作,开展校外实践活动,如社区志愿服务活动、家庭亲子阅读等,让学生在实践中感受哲学的魅力和应用价值。通过校外实践活动,学生将所学的哲学知识与实际生活相结合,提高自己的实践能力和创新能力。

(2)教学效果的评估与反馈

为了全面、客观、科学地了解儿童哲学教育对学生"三观"养成的影响,我们根据需要设计了包括即时反馈、阶段测试和长期跟踪评估三个方面的评估体系。

即时反馈是对学生在课堂学习过程中的表现进行的实时评估,一般通过课堂提问、小组讨论、体验表反馈等方式进行。课堂提问可以了解学生对哲学问题的掌握程度和思维的敏捷性;小组讨论可以观察学生的团队协作能力、沟通能力和思维的开放性;体验表反馈可以了解学生对哲学问题的理解程度和表达能力。通过即时反馈,教师可以及时调整教学策略和方法,提高教学效果。

阶段综合评价是对学生在一定阶段内的学习成果进行的综合评估,主要通过答辩、写作、画画、调研报告等形式进行。答辩可以检测学生对哲学知识的掌握程度和运用能力;写作可以考查学生的独立思考能力、逻辑思维能力和文字表达能力;调研可以评估学生的团队协作能力、问题解决能力和实践创新能力。通过阶段综合评价,教师可以了解学生的学习进度和学习效果,为下一步的教学提供参考。

长期跟踪评估是对学生毕业后的发展情况进行的跟踪调查,它主要通过问卷调查、访谈、实地考察等方式进行。问卷调查可以了解学生毕业后的职业发展、生活状况、社会责任感等方面的情况;访谈可以深入了解学生对儿童哲学教育的感受和体会,以及儿童哲学教育对其人生发展的长远影响;实地考察可以直观地观察学生在实际生活中的行为表现和价值观体现。通过长期跟踪评估,我们能够全面评估儿童哲学教育的长期效果,为教育改进和优化提供有力依据。

在建立评估体系的同时,也要构建有效的反馈机制。教师定期与学生进行一对一的交流,了解他们在学习过程中的困惑和需求,给予个性化的建议和指导。同时,组织学生进行小组互评和自我评价,让他们在相互评价中发现自身的优点和不足,促进共同成长。

对于评估结果,我们会及时、清晰地向学生和家长反馈。以鼓励为主,肯定学生的努力和进步,同时也要指出存在的问题和改进的方向。对于表现出色的学生,提供更多的拓展学习资源和机会;对于需要帮助的学生,制订针对性的辅导计划。

此外,我们也将评估结果反馈给学校的相关领导层和教学团队,以便他们能够总结经验教训,不断优化教学内容和方法,争取更多的支持和资源投入,进一步推动儿童哲学教育的发展。

二、研究方法论

本书采用混合研究方法,结合文献综述、调查研究、课例研究和案例研究等多种方法,全面且深入地探讨儿童哲学在儿童"三观"养成教育中的应用效果。这种混合研究方法能够充分发挥各种研究方法的优势,相互补充、相互验证,为研究提供更加全面、深入、准确的结果。

1. 文献综述

广泛搜集国内外关于儿童哲学和"三观"养成教育的学术文献,进行分类整理和归纳总结。通过图书馆数据库、学术搜索引擎、专业学术期刊等渠道,全面收集相关的学术论文、研究报告、著作等文献资料。对收集到的文献按照研究主题、研究方法、研究对象等进行分类整理。对分类后的文献进行深入阅读和分析,归纳总结出不同研究的主要观点、研究方法、研究成果和不足之处。

重点关注最新的研究成果、发展趋势以及存在的研究空白,为本书提供坚实的理论基础和研究方向。密切关注国内外权威学术期刊和学术会议上发表的最新研究成果,了解儿童哲学和"三观"养成教育领域的前沿动态和发展趋势。分析现有研究中存在的不足之处和研究空白,如研究方法的局限性、研究对象的局限性、研究内容的不完整性等,为本书提供切入点和研究方向。通过对文献综述的深入分析,构建本书的理论框架和研究假设,为后续的研究工作奠定坚实的理论基础。

2. 调查研究

设计涵盖儿童哲学课程接受程度、参与度、"三观"养成情况等多个维度的问卷,对三灶学校的学生进行广泛调查。问卷设计遵循科学、合理、有效的原则,确保问卷内容具有较高的信度和效度。在问卷内容方面,包括学生对哲学课程的兴趣、学习动机、学习态度、学习收获等方面的问题,以及学生在世界观、人生观、价值观方面的认知、态度和行为表现等问题。问题表述应清晰准确、简洁明了,避免使用模糊、歧义或引导性的语言。

采用匿名方式收集数据,确保结果的客观性和真实性。在问卷发放和回收过程中,采用匿名方式,保护学生的隐私和个人信息安全。同时,确保问卷的发放范围广泛、样本具有代表性,能够反映三灶学校学生的整体情况。在数据收集过程中,严格按照问卷设计的要求进行操作,确保数据的完整性和准确性。

3. 访谈

选择具有代表性的教师、学生和家长作为访谈对象,深入了解他们对儿童哲学教育的看法和体验。访谈对象的选择具有代表性和典型性,能够反映不同层面、不同角度的观点和意见。教师访谈对象包括从事儿童哲学教学的一线教师、教学管理人员等;学生访谈对象包括不同年级、不同性别、不同学习成绩的学生;家长访谈对象包括不同职业、不同文化背景、不同教育观念的家长。

采用半结构化访谈方式,灵活应对受访者的回答,挖掘更深层次的信息。在访谈过程中,提前制定访谈提纲,但也保持一定的灵活性和开放性,根据受访者的回答进行追问和拓展,挖掘更深层次的信息和观点。访谈过程中注意记录受访者的回答内容、表情、语气等信息,以便后续进行深入分析。

注重访谈内容的记录和整理,确保信息的完整性和准确性。访谈结束后,及时对访谈内容进行记录和整理,确保信息的完整性和准确性。采用录音、录像、笔记等方式进行记录，并在记录过程中对关键信息进行标注和注释。对记录的访谈内容进行逐字逐句的整理和分析，提取出关键观点和信息，为研究提供有力的支持。

4. 课例研究

选取三灶学校具有代表性的儿童哲学教学课例进行深入剖析。课例的选择具有代表性和典型性，能够反映儿童哲学教学的不同类型、不同教学方法和不同教学效果。我们选择了优秀课例、普通课例和问题课例等不同类型的课例进行研究，以便全面了解儿童哲学教学的现状和存在的问题。

分析课例的教学目标、教学内容、教学方法以及教学效果等方面，提炼出成功的教学经验和存在的问题。对选取的课例，从教学目标的设定、教学内容的选择、教学方法的运用、教学过程的组织、教学效果的评估等方面进行全面细致的分析。通过对课例的分析，总结出成功的教学经验，如教学目标明确、教学内容生动有趣、教学方法灵活多样、教学过程流畅自然、教学效果显著等；同时，也找出存在的问题和不足之处，如教学目标过高或过低、教学内容难度过大或过小、教学方法单一、教学过程缺乏互动、教学效果不理想等。

通过课例之间的对比和分析，探索儿童哲学在不同教学情境下的应用策略和效果差异。选取多个课例进行对比分析，比较不同课例在教学目标、教学内容、教学方法、教学过程和教学效果等方面的差异和相似之处。通过对比分析，探索儿童哲学在不同年级、不同学科、不同教学主题、不同教学环境等情境下的应用策略和效果差异，从而为优化儿童哲学教学提供参考依据。

5. 案例研究

以三灶学校为实证案例，全面剖析该校在儿童哲学教育方面的实践经验。对三灶学校的儿童哲学教育进行全面深入的研究，包括学校的教育理念、教学目标、课程设置、教学方法、师资队伍、教学资源、教学管理、教学评价等方面的内容。通过对学校整体情况的了解和分析,总结出学校在儿童哲学教育方面的实践经验和特色做法。

对三灶学校在儿童哲学课程设计、教学活动组织、师资培训以及家校合作等方面的具体做法进行深入分析,了解学校在这些方面的工作思路、实施过程和取得的成效。例如,在课程设计方面,分析学校如何根据学生的年龄特点和认知水平设计课程内容和教学目标;在教学活动组织方面,分析学校如何组织开展各种形式的教学活动,如课堂教学、实践活动、社团活动等;在师资培训方面,分析学校如何开展教师培训,提高教师的哲学素养和教学能力;在家校合作方面,分析学校如何与家长沟通合作,共同促进学生的成长和发展。

提炼出可借鉴的经验和模式,为其他学校推广儿童哲学教育提供参考。通过对三灶学校儿童哲学教育实践经验的总结和分析,提炼出可借鉴的经验和模式,如课程设计模式、教学活动组织模式、师资培训模式、家校合作模式等。这些经验和模式可以为其他学校开展儿童哲学教育提供有益的参考,促进儿童哲学教育的推广和应用。

三、研究过程与步骤

1. 研究准备

明确研究目标和研究内容,制订详细的研究计划和时间表。在明确研究目标和内容的基础上,对研究任务进行分解和细化,制定出具体的研究步骤和时间安排。研究计划应包括研究的各个阶段,每个阶段的主要任务、完成时间、负责人等内容,确保研究工作有条不紊地进行。

组建研究团队,明确团队成员的职责和任务分工。根据研究任务的需要,组建一支专业背景丰富、研究能力强的研究团队。团队成员应包括教育学、心理学、哲学等领域的专家学者、一线教师和研究人员等。明确团队成员的职责和任务分工,确保每名成员都清楚自己的工作任务和目标,形成协同合作的工作机制。

进行必要的预调研和准备工作,如设计问卷、制定访谈提纲等。在正式研究之前,进行必要的预调研和准备工作,如对研究对象进行初步了解、收集相关资料、设计问卷和访谈提纲等。问卷和访谈提纲的设计应遵循科学、合理、有效的原则,确保能够收集到有价值的研究数据。

2. 课程实施

在三灶学校开展儿童哲学课程试点教学,严格按照课程设计进行教学实施。选择三灶学校的部分班级作为试点班级,开展儿童哲学课程教学。在教学过程中,严格按照预先设计的课程内容和教学方法进行教学实施,确保教学的规范性和一致性。

定期组织教学研讨活动,及时总结教学经验,调整教学策略和方法。在课程实施过程中,定期组织教学研讨活动,邀请专家学者、一线教师和研究人员共同参与,对教学过程中出现的问题和困难进行深入讨论和分析。及时总结教学经验,根据学生的反馈和教学效果,调整教学策略和方法,不断优化教学过程,提高教学质量。

确保教学活动的顺利进行,为数据收集和分析提供可靠的基础。在课程实施过程中,加强教学管理和教学保障,确保教学活动的顺利进行。及时收集和整理教学过程中的相关数据和资料,如学生的作业、测试成绩、课堂表现、访谈记录等,为后续的数据收集和分析提供可靠的基础。

3. 数据收集与分析

采用访谈法、观察法和问卷调查法等多种数据收集方法,全面收集关于儿童哲学教育实施过程和效果的数据。访谈法是通过与学生、教师和家长进行面对面的交流,了解他们对儿童哲学教育的看法、感受和建议。观察法是通过观察课堂教学、实践活动等过程,了解学生的学习行为、参与度和学习效果。问卷调查法是通过发放问卷,收集学生、教师和家长对儿童哲学教育的评价和反馈。

在访谈和观察过程中,注重记录受访者的真实反应和课堂互动情况。访谈和观察过程中,应详细记录受访者的语言、表情、动作等真实反应,以及课堂教学中的师生互动、生生互动等情况。这些记录可以为后续的数据分析提供丰富的素材和依据。

在问卷调查过程中,确保问卷的回收率和有效性,对无效问卷进行剔除处理。在发放问卷之前,应向受访者说明问卷的目的和意义,提高受访者的参与度和积极性。在回收问卷后,应及时对问卷进行审核和筛选,剔除无效问卷,确保问卷数据的有效性和可靠性。

运用 SPSS 等统计软件对收集到的数据进行系统性整理与深入分析。采用定量分析方法对问卷调查数据进行统计分析,如描述性统计分析、独立样本 T 检验和方差分析等。通过描述性统计分析,了解数据的基本分布情况;通过独立样本 T 检验和方差分析,比较不同群体之间的差异,探讨儿童哲学教育的效果和影响因素。

采用定性分析方法对访谈记录和观察笔记进行深入解读和归纳整理,提炼出关键信息和主题。对访谈记录和观察笔记进行逐字逐句的分析和解读,提取出其中的关键信息和主题。可以采用编码、分类、归纳等方法,对数据进行整理和分析,形成研究结论。

4. 成果总结

对研究数据和结果进行综合分析,总结儿童哲学教育在学生"三观"养成中的作用、效果以及存在的问题和不足。主要做法如下:

(1) 整理和分析通过访谈、观察和问卷调查收集到的资料,对学生在接受儿童哲学教育前后的思维方式、道德判断、价值取向等方面的变化进行细致对比和深入解读。通过量化数据的统计分析,呈现出儿童哲学教育对学生思辨能力提升、道德素质强化和价值观念塑造的具体成效,例如学生在逻辑推理、批判性思维、道德认知与行为、人生目标设定和社会责任感等方面的进步程度和发展趋势。

(2) 结合课例研究和案例研究的成果，提炼出在儿童哲学课程设计、教学方法运用、教学活动组织以及教学资源整合等方面的成功经验和创新实践，如具有代表性的课程主题设置、教学策略运用、学生参与度提升的有效方法等。同时，也要客观地指出在研究过程中发现的问题和不足之处，如教学内容的难度把握不够精准、部分教学方法的实施效果未达预期、教学资源的分配不够均衡、教学评价体系不够完善等。

(3) 深入探讨如何进一步优化儿童哲学教育的实施方案和教学策略，以更好地促进学生"三观"的全面养成。提出针对性的改进建议和发展方向，包括但不限于优化课程内容的编排，使其更加贴合儿童的认知水平和兴趣点；创新教学方法，增加互动性和趣味性，提高学生的学习积极性和参与度；加强师资培训，提升教师的哲学素养和教学能力，确保教学质量的稳步提升；完善教学评价体系，全面、科学、动态地评估教学效果和学生的学习成果等。

(4) 对未来儿童哲学教育的发展进行展望，探讨如何在更广泛的范围内推广和应用儿童哲学教育，使其能够更好地服务于学生的成长和发展，为培养具有独立思考能力、高尚道德品质和正确价值观念的未来公民奠定坚实基础。同时，思考如何加强跨学科、跨领域的合作与交流，整合更多的教育资源和社会力量，共同推动儿童哲学教育的深入发展和创新实践。

(5) 将研究成果以研究报告、学术论文、教育案例集等形式进行呈现和传播，与教育界同行、学校管理者、一线教师以及家长等相关群体分享和交流，以期为他们提供有益的参考，共同促进儿童哲学教育在学生"三观"养成教育中的有效应用和不断发展。

第四章

儿童哲学
在学校教育中的应用

一、儿童哲学课程的设计原则

1. 儿童哲学课程设计的基本原则

儿童哲学要在学校教育领域有效应用,课程设计无疑是其中的关键所在。为达成儿童哲学课程的理想效果并使其具备足够的吸引力,从而充分激发学生的学习热情与探索欲望,一系列基本原则必须得到精准且严谨的遵循。以下将对其中的核心原则展开深入探讨:

(1) 问题导向原则

问题导向原则,乃是儿童哲学课程设计的基石性原则。该原则着重于从学生的日常生活经验出发,深入挖掘并提炼出那些蕴含丰富哲学意味的问题,如"什么是勇敢?""友谊的真正价值是什么?"等。这些问题不仅与学生的生活实际紧密相连,更能够有效激发他们内心深处的好奇心与求知欲,进而引导他们积极主动地展开思考与探索。在问题导向原则的实际实施过程中,教师需要拥有敏锐且细腻的洞察力,以及创新性和灵活性的思维方式。他们应当善于从学生的日常行为表现、语言交流等方面捕捉那些具有哲学探讨价值的素材,进而将其转化为能够激发学生深入思考的问题。此外,教师还需要引导学生从多元化的角度出发,对这些问题展开深入思考与分析,以逐步培养他们的辩证思维能力,使他们能够更加全面、深入地认识世界和理解生活。例如,当学生在日常生活中遇到困难或挑战时,教师可以引导他们思考"面对困难时,我们应该如何选择?是坚持还是放弃,其背后的原因又是什么?",通过这样的引导,学生能够在解决实际问题的过程中,逐渐形成辩证思考的习惯和能力。

(2) 情感与理智的整合

除了上述的问题导向原则,情感与理智的整合同样是儿童哲学课程设计中至关重要的原则之一。在教学实践过程中,这一原则要求教师高度关注学生的情感体验,使他们能够在情感共鸣的基础之上,更加深刻地领悟哲学的道理和智慧。与此同时，教师还需要引导学生运用理性思维对所接触到的哲学观点进行深入分析和科学评价。为了实现情感与理智的有机整合，教师可以灵活运用多种教学方法，如故事讲述、角色扮演等。通过这些方式，为学生营造一个轻松、愉悦的学习氛围，使他们能够在自然、自在的状态下学习哲学知识。例如，在讲述关于"友谊"的哲学内容时，教师可以先讲述一个关于友谊的动人故事，引发学生的情感共鸣，让他们在情感上对友谊的意义和价值产生深刻的感受。在此基础之上，教师可以引导学生运用理性思维，对友谊的本质、功能、发展规律等方面进行深入分析和思考，如"友谊的建立需要哪些条件？""友谊在人生中的地位和作用是什么？"等。通过这样的教学过程，学生不仅能够在情感上深刻体验到友谊的美好与重要，还能够运用理性思维对"友谊"这一哲学概念进行深入理解和把握，从而有效培养批判性思维能力和独立思考能力。

（3）具体实施与全面统筹

在具体进行儿童哲学课程的设计工作时，我们还需充分考虑到具体与全面的统筹问题。这就意味着，一方面，课程内容需要具备高度的针对性和具体化特征，能够紧密围绕学生在成长过程中所面临的实际问题展开，切实帮助他们解决生活中的困惑和疑问；另一方面，课程内容又需要全面、系统地涵盖哲学的基本概念、原理和方法，为学生构建起一个完整、严密的哲学知识体系。同时，教师还需要充分考虑到学生的年龄特点和认知水平这一客观因素，对课程内容和教学进度进行科学、合理的安排。对于低年龄段的学生，课程内容可以侧重于简单、直观的哲学概念和生活现象，教学进度也应适当放慢，以确保他们能够充分理解和吸收所学内容；而对于高年龄段的学生，则可以逐渐增加课程内容的深度和广度，提高教学进度，引导他们对更加复杂、抽象的哲学问题进行思考和探究。比如，对于小学低年级的学生，在讲解"什么是幸福"这一哲学问题时，可以通过讲述一些简单的小故事或者展示一些生动的图片，让他们初步了解幸福的基本含义和表现形式；而对于小学高年级的学生,则可以引导他们对幸福的本质、幸福与物质生活的关系、如何实现幸福等问题进行深入思考和讨论,使他们能够在原有的认知基础上,不断拓展和深化对"幸福"这一哲学概念的理解和认识。

2. 儿童哲学课程设计的其他关键原则

为了切实保障儿童哲学课程能够充分激发学生的学习兴趣和思考动力,除了上述基本原则之外,我们还需遵循趣味性、启发性、参与性和实践性等一系列关键原则。

(1) 趣味性原则

趣味性在学生的学习过程中扮演着至关重要的角色,它是激发学生学习动力和积极性的重要源泉。在儿童哲学课程的设计过程中,融入游戏、竞赛等趣味性元素,能够显著提升学生的参与度和学习兴趣,使他们更加主动地投入哲学知识的学习和思考中。例如,教师可以精心组织哲学故事接龙活动。在这一活动中,教师先讲述一个哲学故事的开头部分,然后邀请学生依次接着往下讲述故事的发展和结局。通过这种方式,不仅能够锻炼学生的想象力和创造力,还能够使他们在轻松愉快的氛围中深入思考哲学问题。此外,教师还可以组织观点辩论赛,围绕一些具有争议性的哲学问题,如"科技发展对人类是福还是祸?""自由与纪律哪个更重要?"等问题,将学生分成正反两方进行辩论。在辩论过程中,学生需要充分运用自己所学的哲学知识和思维方法,对自己的观点进行论证和阐述,同时对对方的观点进行反驳和质疑。通过这样的活动,能够有效锻炼学生的思辨能力和语言表达能力,同时也能够极大地提高他们的学习兴趣和参与热情。

(2) 启发性原则

启发性原则着重强调通过巧妙的提问、深入的讨论等方式,积极引导学生主动思考、大胆探索。在儿童哲学课程中,教师可以精心设计一系列开放式问题,以此来激发学生的好奇心和求知欲,进而促使他们主动投入哲学知识的学习和探究中。例如,在讲解"人与自然的关系"这一哲学问题时,教师可以提出这样一些开放式问题:"如果地球上没有人类,世界会变成什么样?""人类的活动对自然环境产生了哪些影响?这些影响是积极的还是消极的?""我们应该如何在保护自然环境的前提下,实现人类的可持续发展?"通过这些问题,引导学生从不同的角度出发,对人与自然的关系进行深入思考和分析。此外,教师还可以组织小组讨论活动,将学生分成若干小组,围绕某一哲学问题展开讨论。在讨论过程中,学生可以相互交流、相互启发,共同探索问题的答案。通过小组讨论活动,不仅能培养学生的团队合作精神和沟通能力,还能使他们在相互交流和启发中,深化对哲学知识的理解和认识。

(3) 参与性原则

参与性原则要求教师在设计教学活动时,充分尊重学生的主体地位和参与意愿,将学生的积极性和主动性充分调动起来。通过让学生积极参与课堂讨论、角色扮演等教学活动,使他们能够更加深入地理解哲学知识,提高学习效果。例如,在讲解"道德与伦理"这一哲学问题时,教师可以组织学生进行角色扮演活动。让学生分别扮演不同的角色,如道德行为者、道德评判者、道德受益者等,通过模拟实际生活中的道德情境,让学生亲身体验道德决策的过程和后果。在角色扮演活动结束后,教师可以组织学生进行讨论和反思,引导他们对自己在角色扮演活动中的表现和决策进行分析和评价,进而加深对道德与伦理问题的理解和认识。此外,教师还可以鼓励学生积极参与课堂讨论活动,针对某一哲学问题发表自己的观点和看法。在学生发言过程中,教师应给予充分的尊重和鼓励,引导其他学生认真倾听和思考,形成良好的互动氛围。通过课堂讨论活动,不仅能够提高学生的语言表达能力和思维能力,还能够培养他们的自主学习能力和探究精神。

(4) 实践性原则

实践性原则是儿童哲学课程设计的重要原则之一。通过丰富多彩的实践活动,学生能够在亲身经历和实践操作中,深刻感受哲学的博大精深和实际应用价值,进而更加深入地理解哲学的内涵和意义。

在设计实践活动时,教师应高度注重活动的多样性和实效性,确保学生能够在实践活动中真正运用哲学思维和方法,对实际问题进行分析和解决。例如,教师可以组织学生参观哲学博物馆,让学生在参观过程中了解哲学的发展历程、哲学思想的演变以及哲学在人类社会发展中的重要作用。此外,教师还可以组织学生参与社区服务活动,如关爱孤寡老人、义务环保宣传等,引导学生运用哲学思维和方法,对社区服务活动中的问题和现象进行分析和思考,如"关爱他人的意义和价值是什么?""如何在社区服务活动中实现个人价值和社会价值的统一?"。通过这些实践活动,使学生能够将所学的哲学知识与实际生活紧密结合起来,提高他们运用哲学思维和方法解决实际问题的能力。

二、儿童哲学与国家课程建设

1. 儿童哲学与小学语文课程融合

在国家课程校本化的实践进程中,儿童哲学为小学语文课程建设提供了独树一帜的视角与丰富多元的补充内容。在语文课程中,儿童哲学的融入不仅极大地丰富了教学内容,使其更加贴近学生的生活实际,还能够促进学生思维的深度发展。通过哲学性的思考与探讨,学生可以更加深入地理解课文中的思想内涵,深化了学习体验,语文学习与思维发展有了全新的活力与机遇。

(1) 小学语文课程理论基础

小学语文课程作为基础教育中的核心学科,肩负着培养学生语言文字运用能力、审美鉴赏能力以及文化传承能力的重要使命。其课程内容广泛且深入,涵盖了识字写字、阅读、写作、口语交际等多个层面,这些层面的教学不仅关乎学生语文技能的培养,更与他们的"三观"形成紧密相连。

在识字写字方面,小学语文课程通过教授学生汉字的基本构造和书写规范,不仅帮助他们打下坚实的文字基础,更在无形中传递着博大精深的中华文化。每一个汉字都承载着丰富的历史文化信息,学生在学习和书写过程中,能够感受到汉字所蕴含的智慧和美感,从而增强对民族文化的认同感和自豪感。阅读是小学语文课程中的重中之重。通过阅读,学生可以接触到不同题材、不同风格的文学作品。这些作品不仅丰富了他们的精神世界,更在潜移默化中塑造着他们的世界观、人生观和价值观。优秀的文学作品往往蕴含着深刻的哲理和人生智慧,能够引导学生去思考生命的意义、价值以及人与社会、自然的关系等哲学问题。这种阅读体验对于学生的"三观"培养具有不可替代的作用。写作是小学语文课程中另一个重要的环节。通过写作,学生可以将自己的所见所闻、所思所感以文字的形式表达出来。这个过程不仅是语言文字运用能力的锻炼,更是学生自我认知和自我反思的过程。在写作中,学生需要审视自己的内心世界,明确自己的价值观和人生追求,这对于他们的"三观"形成具有积极的推动作用。口语交际也是小学语文课程中不可或缺的一部分。在口语交际教学中,学生需要学会如何与他人进行有效的沟通和交流。这不仅关乎语言表达能力的培养,更涉及人际交往中的尊重、理解、包容等价值观的实践。通过口语交际的学习和实践,学生可以更好地理解和接纳不同的观点和文化,从而形成更加开放和包容的世界观。

小学语文课程在培养学生语言文字运用能力的同时,也深刻地影响着他们的世界观、人生观和价值观的形成。通过识字写字、阅读、写作、口语交际等多个方面的教学实践,小学语文课程为学生"三观"培养提供了广阔的平台和丰富的资源。

儿童哲学作为一门关注儿童思维发展的学科,与小学语文课程在培养学生"三观"方面具有天然的契合点。将儿童哲学融入小学语文课程,可以进一步丰富教学内容和方法,促进学生思维的深度发展。通过哲学讨论、故事讲述等方式,教师可以引导学生关注自我、他人和世界等哲学问题,从而培养其批判性思维和独立思考能力。这不仅有助于学生形成正确的"三观",还能为其未来的全面发展奠定坚实的基础。

学生"三观"的培养是一个系统工程,需要家庭教育、学校教育和社会教育的共同努力。小学语文课程作为学校教育的重要组成部分,在培养学生"三观"方面具有不可替代的作用。通过融入儿童哲学等先进教育理念和方法,我们可以进一步优化小学语文课程的教学内容和方法,为学生的"三观"培养提供更加全面和深入的支持。

(2) 融合目标与原则

儿童哲学与小学语文课程的融合并非简单的叠加,而是一种深度的整合,通过语文教学这一载体,更有效地传递哲学的思辨精神,进而推动学生的思维发展,塑造他们健康且全面的"三观"。

首要的目标是,借助哲学的深邃思考,引领学生走向更深层次的思维境界。小学语文课本中的故事、寓言等文本,不仅富含丰富的情感与道德教诲,更隐藏着深层的哲学思考。将这些哲学元素挖掘出来,引导学生进行思考,可以帮助他们建立对世界更为全面和深入的理解,从而培养他们的世界观。我们希望通过这种融合教育,引导学生对人生进行更为深入的思考。人生观的形成并非一蹴而就,它需要在不断的思考与实践中逐步塑造。通过哲学的视角去解读语文文本,引导学生思考人生的意义和价值,有助于他们建立起积极向上、健康的人生观。

价值观的培养也是融合实践的重要目标。在语文课程中融入哲学元素,可以引导学生更为理性地看待和评价事物,形成健康的价值取向。这不仅有助于他们的个人成长,也对社会的和谐发展具有积极意义。在实施融合实践时,我们坚守几个重要原则。首先,学生是教育的主体,我们必须充分尊重他们的主体地位和个体差异。每个学生都是独一无二的,他们有着不同的思考方式和理解能力。因此,在教学过程中,我们充分考虑每个学生的特点,因材施教,引导他们进行深入思考。注重实践性和体验性是我们必须遵循的原则。哲学并非空洞的理论，而是需要在实际生活中体验和感悟的。通过设计富有哲学意味的语文教学活动，让学生在参与中感受和思考，可以使他们更为深刻地理解哲学的精髓。

我们强调教学的多元性和开放性。每个学生都有自己独特的思考角度和观点，我们积极鼓励他们勇于表达，敢于质疑，从不同的角度去思考问题。这不仅有助于培养他们的批判性思维，也能使他们在互相交流和碰撞中，更为全面地理解世界和自我。

（3）课程内容选择与安排

在课程内容的选择与安排上，我们精心挑选能够引发学生深思的素材，确保其与儿童哲学和小学语文课程的紧密结合。故事、寓言和诗歌等文学形式，因其丰富的想象力和深刻的寓意，成为了最佳的教学资源。例如，通过讲述《愚公移山》的故事，我们引导学生思考坚持与毅力的价值，以及面对困难时应有的态度。而《龟兔赛跑》则可以用来探讨骄傲与谦虚、努力与懈怠之间的对比，进一步引导学生反思自身的行为习惯和态度。除了故事和寓言，诗歌也是一种富有哲理的文学形式。古代诗人的作品往往蕴含了深刻的人生哲理和自然感悟。通过教授和欣赏这些诗歌，我们带领学生走进诗人的内心世界，感受他们对人生的独特见解和对自然的敬畏之情。这不仅有助于提升学生的语言鉴赏能力，还能在一定程度上启发他们的哲学思考。

我们不能忽视小学语文课程中的基础环节，如识字写字、阅读和写作。在这些环节中，我们可以巧妙地融入哲学元素，让学生在提升语言文字运用能力的同时，也能对哲学问题有更深入的理解和感悟。例如，在阅读教学中，我们选取了一些富含哲理的文章供学生阅读，并引导他们在理解文章内容的基础上，思考其中蕴含的哲学思想。在写作教学中，我们可以设置一些与哲学相关的主题，让学生通过写作来表达自己对这些问题的看法和思考。

(4) 教学方法与手段

在融合儿童哲学与小学语文课程的教学实践中,灵活运用多样化的教学方法和手段至关重要。这些方法不仅能够激发学生的学习兴趣,还能有效地引导他们深入思考和探索。

小组讨论是一种行之有效的方法。教师将学生分成若干小组,并给出一个与课程内容相关的哲学问题,让学生在小组内自由讨论和交流。通过这种方式,学生可以学会相互倾听、表达和辩论,不仅能够锻炼语言表达能力,还能培养批判性思维和合作精神。小组讨论的形式也使学生有机会从不同角度审视问题,从而拓宽思维和视野。

故事讲述是另一种富有成效的教学方法。教师通过讲述富有哲理的故事,引导学生们进入特定的情境,激发他们对哲学问题的思考。故事中的情节和人物为学生们提供思考的素材,帮助他们在具体的语境中探索和理解抽象的哲学概念。同时,故事讲述还能培养学生的想象力和共情能力,使他们在感受故事情感的同时,学会理解和尊重不同的观点和立场。

角色扮演也是一种寓教于乐的教学手段。通过扮演故事中的角色,学生可以亲身体验不同人物的内心世界和情感体验。这种教学方式不仅能够增强学生们对课文内容的理解,还能培养他们的同理心和情感认知能力。在角色扮演的过程中,学生们需要通过想象和创造来丰富角色的形象和情节,这也有助于提升他们的创新能力和表演能力。

随着科技的发展,多媒体技术在教学中的应用也越来越广泛。教师通过展示图片、播放视频等形式,将抽象的哲学概念和课文内容以直观、生动的方式呈现出来。这种教学方式不仅能吸引学生的注意力,还能帮助他们更好地理解和记忆知识。同时,多媒体技术还能为学生提供丰富的学习资源,让他们在课堂之外也能进行自主学习和探索。

片段一:阅读环节的追问与辩论

在引导学生阅读经典或现代文学作品的过程中,教师精心设计具有深刻哲学意味的追问环节,能够有效地引导学生深入思考文本背后所蕴含的哲学思想。以《草船借箭》这一经典故事为例,教师通过提出"诸葛亮为何选择草船借箭？这体现了怎样的智慧和勇气？"等问题,激发学生的好奇心和探索欲望,促使他们从多个角度深入分析人物的性格特点、行为动机以及故事情节的发展逻辑。通过这样的追问与思考,学生能够更加深入地理解文本的内涵和意义,提升文学鉴赏能力和哲学思维能力。此外,教师还可以引导学生对文本中的哲学问题进行辩论。例如,针对"草船借箭"这一事件,教师可以组织学生围绕"诸葛亮的智慧是天赋使然还是后天努力的结果？""在战争中,智慧和勇气哪个更重要？"等问题展开辩论。在辩论过程中,学生需要充分运用自己所学的知识和思维方法,对自己的观点进行论证和阐述,同时对对方的观点进行反驳和质疑。通过这样的辩论活动,不仅能锻炼学生的语言表达能力和逻辑思维能力,还能培养学生的团队合作精神和竞争意识,使他们在激烈的思想碰撞中,不断深化对文本和哲学问题的理解与认识。

片段二:课外阅读后的主题讨论

鼓励学生进行广泛的课外阅读,并围绕特定主题组织讨论会或思辨式导读课,是将儿童哲学融入语文课程建设的又一重要举措。教师可以根据学生的阅读兴趣和年龄特点,精心挑选富含哲学意味的书籍或文章推荐给学生,然后引导学生围绕主题进行深入探讨。例如,以"成长与责任"为主题,教师可以推荐学生阅读《小王子》《夏洛的网》等经典文学作品,然后组织学生开展讨论会或思辨式导读课。在讨论过程中,教师可以引导学生思考"成长意味着什么？""在成长过程中,我们应该如何承担责任？""责任与自由之间存在怎样的关系？"等问题,让学生结合自己的阅读体会和生活经验,发表自己的观点和看法。通过这样的讨论活动,能够培养学生的批判性思维能力和独立思考能力,使他们在阅读与思考中不断成长和进步。

(5)实践过程记录

在实践过程中,我们对每一次教学活动的实施情况都进行了详尽的记录。这些记录涵盖了教学前的各项准备工作,如素材的精心选择与整理,确保教学内容既符合小学语文课程的教学目标,又能有效融入儿童哲学的元素,从而引导学生进行深入思考。

教学过程中,我们特别关注师生互动的环节。通过提问与回答、讨论与交流,我们鼓励学生积极表达自己的观点,并从不同的角度思考问题。我们发现,虽然学生在哲学讨论中的表现存在较大的差异,但总体而言,他们展现出了积极思考和表达的趋势。这种积极的参与态度不仅有助于提升学生的思维能力,还能够帮助他们更好地理解和接纳不同的观点,从而培养宽容和理解他人的品质。

每次教学活动结束后,我们都会进行反思与总结。这一环节对于我们优化教学策略和方法至关重要。通过回顾教学过程,分析学生的表现和反馈,我们能够及时发现存在的问题,并根据实际情况做出调整。例如,当发现某些哲学问题对于学生来说过于抽象时,我们会尝试采用更具体、更生动的例子进行解释,以确保学生能够真正理解并吸收所学内容。

在整个实践过程中,我们始终坚持以学生为中心的教学理念,尊重学生的主体地位和个体差异。我们相信,通过这种方式,能够更好地促进学生的全面发展,并帮助他们在成长过程中形成正确的世界观、人生观和价值观。同时,这些实践记录也为我们提供了宝贵的经验总结,为后续的教学活动提供了有益的参考。

(6) 效果评估方法

为了全面、客观地评估儿童哲学与小学语文课程融合实践(以下简称"融合实践")的效果,我们采用了多元化的评估方法。以下是各种评估方法及其在实践中的运用。

通过问卷调查的方式,我们深入了解了学生对融合实践的认知和态度变化。问卷设计涵盖了学生对哲学讨论、故事内容、教学方式等多个方面的看法。结果显示,大多数学生对哲学讨论表现出浓厚的兴趣,他们认为这种学习方式有助于拓宽视野、激发思考。同时,学生也普遍对故事内容表示满意,认为这些故事不仅有趣,而且蕴含了深刻的道理。此外,学生对教学方式也给予了积极评价,他们认为小组讨论、角色扮演等多样化的教学方式使得学习变得更加生动有趣。

我们通过观察记录的方式,对学生在课堂上的表现情况进行了细致的分析。观察记录包括学生的参与度、发言情况、合作与交流等多个方面。我们发现,在融合实践中,学生的参与度明显提高,他们更加愿意主动发言、分享自己的观点。同时,学生之间的合作与交流也更加频繁,他们在讨论中能够相互启发、共同进步。这些观察结果表明,融合实践有效地促进了学生的课堂参与和互动交流。再者,通过作品分析的方式,我们评估了学生在语言文字运用和哲学思考方面的进步情况。我们收集了学生在融合实践过程中的写作作品,如读后感、故事续写等,并对其进行了详细的文本分析。结果显示,学生在写作中能够更加深入地思考故事中的哲学问题,他们的文字表达能力也得到了显著提高。这些进步不仅体现在语句的通顺和词汇的丰富上,还体现在对问题的深刻理解和独到见解上。

我们通过访谈的方式收集了家长和教师对融合实践的意见和建议。访谈对象包括参与融合实践的学生家长以及实施融合实践的教师。家长们普遍认为融合实践对学生的思维发展和语言表达能力有着显著的促进作用,他们希望学校能够继续推广这种教学方式。教师们则认为融合实践为学生提供了一个更加开放、多元的学习环境,有助于培养他们的创新思维和批判性思维。同时,教师们也提出了一些改进建议,如进一步优化课程内容选择、加强教师培训等,以提高融合实践的教学效果。

(7) 效果分析与讨论

从一系列的理论探讨、实践方案设计、实践过程记录以及效果评估结果来看,儿童哲学与小学语文课程的融合,对学生"三观"的培养具有显著的正面影响。

哲学讨论与故事阅读的结合，极大地激发了学生对世界的好奇心。在这些活动中，学生们不再是被动地接受知识，而是主动地提出问题、思考问题。他们开始关注自我、他人以及更广阔的世界，对生活中的种种现象产生了浓厚的兴趣和探索欲望。这种好奇心的驱使，使得学生们更加愿意深入了解事物的本质，从而促进了他们思维的深度发展。

通过语言文字的运用和表达，学生们不仅提高了自己的语文能力，还培养了审美鉴赏能力和文化传承能力。在融合实践中，教师引导学生们用语言去描述、去表达他们对世界的理解和对生活的感悟。这种表达方式，既锻炼了学生们的语言组织能力，又让他们学会了如何更好地传递自己的思想和情感。同时，通过欣赏和分析优秀的文学作品，学生们逐渐形成了对美的独特见解，提升了自己的审美水平。

更为重要的是，融合实践增强了学生对人生和社会的理解和认识。在哲学讨论的引导下，学生们开始思考人生的意义和价值，对生活中的挫折和困难有了更为积极和理性的态度。他们学会了从不同的角度去看待问题，变得更加宽容和理解他人。这种变化，无疑为学生们未来的人际交往和社会适应奠定了坚实的基础。

值得注意的是，不同学生在融合实践中的表现确实存在差异。有些学生可能更加善于思考和表达，而有些学生则可能相对沉默和内向。这就要求教师在实施过程中要充分关注每个学生的个体差异，因材施教。对于表现积极的学生，教师可以给予更多的鼓励和挑战，引导他们更深入地思考问题；对于相对沉默的学生，教师则需要给予更多的耐心和支持，鼓励他们勇敢地表达自己的想法和感受。

2. 儿童哲学与"道德与法治"课程融合

儿童哲学与"道德与法治"课程的融合与协同教学，对于将道德教育和法治教育推向更加深入、更加有效的层面具有重要的意义和价值。

(1)"道德与法治"课程的教育目标

"道德与法治"课程在小学教育体系中占据了重要的地位,它不仅是德育的重要组成部分,更肩负着培养学生道德品质、法治观念和公民意识的重任。该课程通过多元化的教育方式,如道德教育、法治教育等,全方位地塑造学生的道德观念和法律意识。其核心理念在于理论与实践的紧密结合,鼓励学生在实际生活中践行所学的道德规范和法律法规,从而形成良好的行为习惯和社会责任感。

在"道德与法治"课程的实施过程中,教师们注重引导学生通过体验、探究、讨论等方式,深入理解道德规范和法律法规的内涵与意义。这种教学方式不仅有助于激发学生的学习兴趣和积极性,更能够让他们在亲身实践中感受到道德和法律的力量,从而自觉地遵守并维护社会的公序良俗。"道德与法治"课程还强调对学生批判性思维的培养。通过引导学生对道德和法律问题进行深入的思考和讨论,帮助他们形成独立、理性的判断能力。这种能力的培养不仅有助于学生更好地理解和应对现实生活中的道德和法律问题,还能够为他们未来的发展奠定坚实的基础。

为了实现上述教育目标,"道德与法治"课程需要不断创新教学方法和手段。其中,引入儿童哲学的教学理念和方法是一种有益的尝试。儿童哲学强调以儿童为中心,关注他们的思想成长和个性发展。通过哲学思辨的方式,可以激发儿童的思考潜能,培养他们的批判性思维和创新能力。这与"道德与法治"课程的教育目标不谋而合,因此将儿童哲学融入该课程具有广阔的前景和深远的意义。在具体的教学实践中,教师可以通过设计富有哲学意味的道德与法治问题,引导学生进行深入的思考和讨论。例如,可以探讨"什么是公正?""我们应该如何对待他人?"等议题,让学生在思辨过程中理解道德和法律的真谛。同时,教师还可以组织学生进行角色扮演、情境模拟等活动,让他们在实际操作中践行道德规范和法律法规,从而加深对其的理解和认同。

"道德与法治"课程的教育目标旨在通过理论与实践相结合的教学方式，培养学生的道德品质、法治观念和公民意识。而引入儿童哲学的教学理念和方法则为该课程注入了新的活力和内涵，有助于其更好地实现教育目标并促进学生的全面发展。这种跨学科的融合教学方式，也有助于消除儿童哲学课程中可能存在的意识形态偏见。通过多样化的教学手段和开放式的讨论环境，教师可以引导学生从多个角度审视和理解道德与法治问题，从而培养他们的多元思维能力和包容心态。

(2) 两者融合的理论依据

儿童哲学与"道德与法治"课程的融合，其理论依据主要体现在两者教育理念的契合性上。儿童哲学，作为一种以学生为中心的教育理念，着重于启发学生的思考能力和培养他们的批判性思维。它认为学生具有天生的好奇心和探究欲，这种内在的驱动力可以通过哲学性的探讨和思考得到进一步的激发和培养。同样，"道德与法治"课程也是以学生为中心，其目标是培养学生的道德品质和法治观念，引导他们在尊重法治精神的基础上形成正确的价值观念和行为习惯。

将儿童哲学融入"道德与法治"课程，不仅能够使课程内容更为丰富多样，提升学生的学习兴趣，更重要的是，这种融合有助于学生更深入地理解道德规范和法律法规背后的深层含义。通过哲学的视角，学生可以思考道德和法律的起源、目的及其在现代社会中的作用，这样的思考过程能够帮助他们形成更加牢固和全面的价值观念。

两者的融合还体现了对学生全面发展的重视。在"道德与法治"课程中引入儿童哲学的元素，可以培养学生的逻辑思维能力、批判性思考能力以及同理心和社会责任感，这些都是现代社会中不可或缺的重要素质。通过这样的教育模式，儿童的综合素质和社会适应能力也将得到显著提升。儿童哲学与"道德与法治"课程的融合，不仅在教育理念上高度契合，更在实际教学中能够相互促进，共同推动学生的全面发展。这种跨学科的教育模式，为当代小学教育提供了新的思路和方法,值得我们进一步探索和实践。

在实际的教学实践中,教师可以通过设计富有哲学意味的道德与法治案例,引导学生进行深入的讨论和思考。例如,在讨论"公正"这一主题时,教师可以引入儿童哲学中的"公平游戏"概念,让学生思考什么样的规则是公平的,为什么需要公平,以及如何在现实生活中践行公平原则。这样的教学方式,不仅能够让学生对"道德与法治"课程产生更浓厚的兴趣,还能够培养他们的思辨能力和道德判断力,从而更好地实现课程的教育目标。

儿童哲学的融入还有助于培养学生的创新意识和实践能力。在"道德与法治"课程中,教师可以鼓励学生从不同角度审视问题,提出自己的见解和解决方案。这种开放性的教学方式,能够激发学生的创造力和探索精神,为他们的未来发展奠定坚实的基础。儿童哲学与"道德与法治"课程的融合,是一种创新且富有成效的教育模式。它不仅能够丰富课程内容,提升教学效果,还能够促进学生的全面发展,培养他们的思辨能力、创新意识和社会责任感。这种教育模式的推广和实践,对于提高小学教育的质量和水平具有重要意义。

(3) 融合课程设计

在融合课程设计的过程中,我们特别关注如何将儿童哲学的核心理念巧妙地融入"道德与法治"课程中。这种融合不仅要求教学内容上的互补,更需要在教学方法上进行创新。

教学内容方面,我们精心挑选与学生生活紧密相关的道德和法治案例,将这些案例与哲学思考相结合。例如,在讨论"诚实"这一主题时,我们不仅会讲述诚实的道德价值,还会引入相关的哲学故事,如"狼来了"等,以此激发学生对诚实重要性的深层次思考。同时,我们还会引导学生探讨在现实生活中如何做到诚实,以及诚实对个人和社会的影响。在教学方法上,我们注重实践性和互动性。通过设置哲学思辨环节,我们鼓励学生提出自己的观点并与同伴进行辩论。这种思辨过程不仅能够锻炼学生的口才和逻辑思维能力,还能帮助他们更深入地理解道德和法治的内涵。此外,我们还开展角色扮演活动,让学生在模拟的情境中体验不同的道德选择和行为后果,从而增强他们的道德意识和责任感。

除了上述方法外,我们还注重结合具体的生活实际和社会热点问题来引导学生进行深入探讨。例如,在讨论"网络文明"这一主题时,我们会引入当前网络上的一些不文明现象,让学生思考这些现象背后的原因和解决方案。通过这种方式,学生不仅能够更直观地了解道德和法律在现实生活中的作用,还能培养学生的社会责任感和公民意识。

片段一:哲学视角的道德教育

在讲述道德概念和行为规范的教学过程中,引入儿童哲学的思考方式,能够引导学生对道德问题进行更加深入、全面的探讨。以"诚信"这一道德主题为例,教师可以设计一系列富有启发性的问题链,如"诚信是什么?""为什么我们要诚信?""面对诱惑时如何坚守诚信?"等。通过这些问题的引导,学生能够从不同的角度出发,对诚信的内涵、价值、意义以及在实际生活中的应用等方面进行深入思考和分析。在教学过程中,教师可以组织学生进行小组讨论、案例分析、角色扮演等活动,让学生在实际操作中体验和感受诚信的重要性。例如,教师可以讲述一个关于诚信的案例,然后让学生分成小组进行讨论,分析案例中人物的行为是否符合诚信的原则,并探讨在类似情况下应该如何做出正确的选择。通过这样的教学活动,能够使学生更加深刻地理解诚信的内涵和价值,形成正确的道德观念和行为习惯。

片段二:法治教育的哲学思考

在法治教育部分,通过儿童哲学的引导,能够帮助学生更好地理解法律条文背后的道德基础和社会价值。教师可以精心设计案例分析活动,选择具有哲学意蕴的法律案例,组织学生展开讨论和分析。例如,教师可以选取一个关于知识产权保护的法律案例,引导学生思考"为什么要保护知识产权?""知识产权保护对于社会创新和发展的意义是什么?""在日常生活中,我们应该如何尊重他人的知识产权?"等问题。通过对这些问题的思考和讨论,学生能够从哲学的角度出发,深入理解法律条文背后的道德和社会价值,培养法治观念和问题解决能力,在今后的生活中能够自觉遵守法律法规,维护社会的公平正义。

(4) 学生反馈与评估

在融合课程的实践过程中,我们高度重视学生的反馈意见和学习成效的评估。为了全面了解学生对融合课程的看法和感受,以及他们在课程中的学习收获,我们采用了问卷调查和访谈等多种方式进行了深入的数据收集和分析。问卷调查的结果显示,大多数学生对融合课程持积极态度。他们认为,相较于传统课程,融合课程更加有趣和生动,更能够激发他们的学习兴趣。特别是在哲学思辨环节,学生们表示,这种思考方式让他们有机会深入思考道德、法律等问题,发表自己的观点,并与同学们进行有意义的讨论。这种学习方式不仅提高了他们的思考能力和表达能力,还让他们感受到了学习的乐趣。

学生们也普遍反映在角色扮演活动中收获颇丰。通过模拟不同情境下的行为选择,他们更加深入地理解了道德规范和法律法规的实际意义,也更加明白了这些规范在日常生活中的重要性。这种实践性的学习方式让他们更加深刻地体会到了道德与法治的内涵,也让他们在未来的学习和生活中更加注重道德品质的培养。

访谈结果还进一步揭示了融合教育在儿童"三观"培养方面的显著成效。学生们表示,通过融合课程的学习,他们对世界、人生和价值有了更加深刻的认识和理解。他们的世界观更加开阔,人生观更加积极,价值观也更加明确。这种积极的塑造和提升不仅体现在他们的思想观念上,更体现在他们的行为举止和日常生活中。

学生反馈与评估结果表明,儿童哲学与小学"道德与法治"课程的融合实践取得了显著成效。这种教育方式不仅提高了学生的学习兴趣和思考能力,还积极塑造了他们的世界观、人生观和价值观。这为我们在未来的教育实践中继续深化和探索这种融合教育模式提供了有力的支持和依据。

(5)三观培养成效评估

在融合教育的实践过程中,我们深刻地感受到了其在儿童"三观"培养方面的积极影响。通过对学生的行为表现和思想品质进行综合评估,我们发现儿童哲学与"道德与法治"的融合教育不仅丰富了课程内容,更在潜移默化中引导了学生树立正确的世界观、人生观和价值观。

在道德观念的塑造上,融合教育让学生们更加明确和坚定了道德标准。通过哲学故事的引入和思辨环节的开展,学生们对诚信、友善、勤劳等道德品质有了更深刻的理解。他们在日常生活中开始主动践行这些道德标准,比如在与同学的交往中保持诚信,在集体活动中积极贡献自己的力量。这种道德观念的明确和坚定,不仅有助于学生在校园中形成良好的人际关系,更为他们在未来社会中的发展奠定了坚实的基础。

在看待社会现象和问题方面,融合教育培养了学生更加理性的态度。通过引入社会热点问题和组织学生进行思辨讨论,我们引导学生从不同角度审视问题,避免盲目跟风和情绪化的判断。这种理性的思考方式不仅让学生在面对复杂社会现象时能够保持清醒的头脑,还培养了他们的批判性思维和独立判断能力。

融合教育也强化了学生的责任感和公民意识。在角色扮演和模拟实践活动中,学生们深刻体会到了作为社会成员的责任和义务。他们开始关注社会问题,积极参与公益活动,用自己的实际行动去践行公民责任。这种责任感和公民意识的提升,不仅有助于在校园中形成积极向上的氛围,更为学生未来成为有担当的公民奠定了坚实的基础。融合教育还促进了学生的全面发展,提升了他们的综合素质和社会适应能力。在融合课程中,学生们不仅需要掌握道德规范和法律法规等知识,还需要通过思辨、讨论和实践等方式来提升自己的思考能力、表达能力和团队协作能力。这种全方位的培养方式让学生在面对未来社会的挑战时更加自信、从容和有准备。

儿童哲学与小学"道德与法治"的融合教育在儿童"三观"培养方面取得了显著的成效。它不仅丰富了课程内容,更在潜移默化中引导了学生树立正确的道德观念、理性的社会态度和强烈的责任感与公民意识。这种教育模式值得我们进一步推广和实践,以期在更多学生中培养出具有高尚品德、独立思考能力和强烈社会责任感的优秀公民。

3. 儿童哲学与小学班会课融合

班会作为班级管理和学生教育的重要平台和载体,将儿童哲学融入其中,能够显著提升学生的思辨能力和道德认知水平,促进学生的全面发展和健康成长。

(1) 班会课的教育功能

班会课在小学教育中占据着举足轻重的地位,它不仅仅是一堂课,更是培养学生道德观念、进行心理辅导,以及规范学生行为的重要环节。作为班主任进行班级管理、开展集体教育的关键平台,班会课承载着塑造学生集体荣誉感和社会责任感的重要任务。

班会课的教育功能是多方面的,它既是道德教育的阵地,又是心理辅导的平台,还是行为规范的课堂。通过充分发挥班会课的教育功能,我们可以更好地促进学生的全面发展,培养他们的集体荣誉感和社会责任感。在道德教育方面,班会课通过讲述道德故事、开展道德讨论等方式,引导学生明辨是非、善恶,培养他们的道德意识和道德判断力。学生在班会课上,可以了解到社会公德、家庭美德、个人品德等多方面的道德要求,从而在日常生活中更好地践行道德规范。心理辅导也是班会课不可或缺的一部分。儿童正处于心理发展的关键时期,他们面临着诸多心理挑战和压力。班会课通过组织心理健康教育活动,如角色扮演、小组讨论等,帮助学生认识自我、调节情绪、建立积极的人际关系,从而促进他们的心理健康发展。班会课还在学生行为规范方面发挥着重要作用。在班会课上,班主任会对学生的日常行为进行点评和指导,强调学校的规章制度和班级的纪律要求。通过不断地引导和教育,学生逐渐养成良好的行为习惯,形成积极向上的班风和学风。

在实际操作中,许多班级也充分利用班会课这一教育平台,开展了丰富多彩的教育活动。例如,有的班级在班会课上组织"道德小剧场",让学生通过表演道德故事来深入理解道德规范;有的班级则开展"心灵对话"活动,鼓励学生分享自己的心事和困惑,从而得到同伴和教师的支持与帮助。这些实践活动不仅丰富了班会课的内容形式,也有效提升了班会课的教育效果。

为了更好地发挥班会课的教育功能,我们还需要不断探索和创新。例如,可以结合时事热点和社会现象来开展道德教育讨论,引导学生关注社会发展并培养他们的社会责任感;也可以邀请心理辅导专家进校园,为学生提供更加专业的心理健康指导和服务。通过这些举措,我们可以进一步提升班会课的教育质量,为学生的全面发展奠定坚实基础。

我们不能忽视班会课在培养学生集体荣誉感方面的重要作用。在班会课上,班主任可以组织各种团队活动和竞赛,让学生在合作与竞争中感受到集体的力量和荣誉。通过这些活动,学生可以更加深入地了解集体的重要性,学会为集体争光、为集体付出。这种集体荣誉感不仅有助于学生的个人成长,也有助于他们在未来社会中更好地融入团队、发挥个人价值。

(2)儿童哲学与班会课的融合理论

儿童哲学与班会课的融合,是基于两者在功能上的互补性以及共同的教育目标。儿童哲学,作为一种关注学生思维发展和价值观塑造的教育方法,强调以学生为中心,激发其内在的哲学好奇心和探究欲望。它认为学生具有独特的思考方式和理解世界的能力,通过引导学生进行深入的哲学思考,可以帮助他们建立更加全面和深刻的世界观、人生观和价值观。

班会课作为小学教育的重要组成部分,承担着道德教育、心理辅导、行为规范等多重任务。它是班主任进行班级管理、开展集体教育的重要平台,也是培养学生集体荣誉感、社会责任感以及实践能力的关键环节。在班会课上，学生们不仅可以学习到各种道德规范和社交技巧，还可以通过参与各种集体活动和讨论，提升自己的团队合作能力和解决问题的能力。

将儿童哲学引入班会课，可以为班会课提供更加丰富的教育资源和思考工具。通过哲学故事的讲述、哲学问题的探讨以及哲学思考的引导，班会课的教育内容可以变得更加深刻和有趣，从而吸引学生的积极参与和深入思考。同时，儿童哲学所强调的批判性思维、创造性思维和关爱性思维等核心能力，学生也可以在班会课中得到有效的培养和提升。

班会课也为儿童哲学提供了实践应用的场景和平台。在班会课上，学生们可以将所学的哲学理念和方法应用到实际生活中去，通过解决具体问题来检验和提升自己的哲学思考能力。这种将哲学思考与实践行动相结合的教育方式，不仅有助于增强学生的实践能力和创新精神，还有助于培养他们的社会责任感和公民意识。

将儿童哲学与班会课有机融合起来，可以形成一种新型的"三观"培养模式。这种模式既关注学生思维的发展和价值观的塑造，又注重学生实践能力的提升和社会责任感的培养。通过这种融合教育模式，我们可以更加有效地促进学生的全面发展，为他们未来的成长奠定坚实的基础。

在实际操作中，我们可以通过设计一系列融合儿童哲学元素的班会课活动方案来实施这种融合教育模式。例如，在班会课上组织学生们进行哲学故事的分享与讨论、开展以哲学问题为主题的辩论赛或者角色扮演游戏等。这些活动不仅可以激发学生的学习兴趣和参与热情，还可以帮助他们在轻松愉快的氛围中深入思考各种哲学问题，从而培养他们的哲学素养和思维能力。同时，我们也可以结合具体的社会热点事件或者学生生活中的实际问题，引导学生运用所学的哲学理念和方法进行分析和探讨，进一步提升他们的实践能力和社会责任感。

（3）融合目标与原则

融合儿童哲学与班会课的实践，其核心目标在于培育学生健全且正向的世界观、人生观和价值观。为实现这一目标，我们需要坚守几个重要的原则。

首要原则是以学生为中心。我们必须认识到，学生是教育活动的主体，他们的需求、兴趣和经验应当成为设计教育活动的出发点。以学生为中心，不仅意味着在教育内容上要贴近学生的生活实际，更要求在教育方式上尊重学生的主体地位，鼓励他们主动参与、积极探究。我们强调引导与启发的重要性。哲学思考是一种深层次的思维活动，它要求个体能够透过现象看本质，进行批判性思考。对于学生而言，这种思考方式并非自然形成，而是需要通过教育者的引导和启发。因此，在实践过程中，教育者需要精心设计问题，创设情境，引导学生进行深入的哲学思考，激发他们的好奇心和探索欲。再者，实践与应用是融合教育的关键环节。哲学思考并非空中楼阁，它需要扎根于现实生活，通过实际行动来体现其价值。在融合实践中，我们应鼓励学生将哲学思考的成果应用于日常生活和学习中，通过实际行动来检验和思考，从而进一步加深对于世界的理解。评价与反馈机制的建立也是不可或缺的。有效的评价能够帮助我们及时了解实践的效果，发现存在的问题，并据此调整和优化实践方案。在融合实践中，我们应建立多元、客观的评价体系，通过学生自评、互评以及教师评价等多种方式，全面了解学生的发展情况，为后续的实践活动提供有力的指导。

融合儿童哲学与班会课的实践是一项系统工程，它要求我们坚守以学生为中心的原则，注重引导与启发，强调实践与应用，并建立有效的评价与反馈机制。只有这样，我们才能真正实现培养学生正确"三观"的目标，为他们的全面发展奠定坚实的基础。

（4）实践内容与策略

在实践内容与策略的设计中，我们紧密结合儿童哲学与班会课的特点，以生命教育、人际交往、道德品质等关键领域为切入点，力求通过多样化的活动形式，激发学生对世界的探索欲望，培养他们的思辨能力和道德情感。生命教育是儿童"三观"培养的重要基础。我们通过组织以"生命的意义"为主题的班会活动，让学生从自然界和日常生活中的实例出发，思考生命的起源、成长和终结。在活动中，我们鼓励学生提出自己对生命的理解，通过小组讨论和分享，让他们感受到生命的珍贵和独特。此外，我们还通过种植小植物、照顾小动物等实践活动，让学生亲身体验生命的成长过程，培养他们的生命意识和责任感。

在人际交往方面，我们以"友谊与合作"为主题，设计了一系列互动性强、寓教于乐的班会活动。通过角色扮演、团队游戏等形式，学生可以在模拟的情境中学习如何与他人建立良好的关系，理解合作与分享的重要性。这些活动不仅锻炼了学生的沟通能力和团队协作精神，还为他们未来融入社会打下了坚实的基础。

道德品质的培养是儿童"三观"教育的核心。我们以"责任与担当"为切入点，通过讲述英雄人物的事迹、分析社会热点问题等方式，引导学生思考什么是责任、如何承担责任。在班会课上，我们组织学生进行道德困境的讨论，让他们在思辨中明确自己的道德立场和行为准则。同时，我们还通过班级志愿服务、环保活动等实践项目，让学生将道德认知转化为实际行动，培养他们的社会责任感和公民意识。

在实施过程中，班主任的引导作用至关重要。班主任不仅需要精心设计活动方案，还要在活动中善于观察、及时发现并引导学生进行深入的哲学反思。通过提问、讨论和总结等环节，班主任可以帮助学生梳理思路、提升认识，使他们在轻松愉快的氛围中实现"三观"的自我建构和提升。

片段一：热点话题讨论

针对班级中最为热议的话题或学生在生活中所面临的道德困惑，组织学生进行深入讨论，是将儿童哲学融入班会的重要方式之一。教师可以引导学生从哲学的角度出发,审视问题的本质和根源,通过辩论等形式,培养批判性思维和团队协作能力。例如,围绕"网络欺凌的危害与防范"这一热点话题,教师可以组织学生展开辩论赛。在辩论赛中,学生需要充分运用自己所学的知识和思维方法,对网络欺凌的现象、原因、危害以及防范措施等方面进行深入分析和探讨。通过这样的活动,不仅能让学生深刻认识到网络欺凌的危害性,增强他们的网络安全意识和道德责任感,还能培养学生的语言表达能力、逻辑思维能力和团队协作能力,使他们在讨论和辩论中形成正确的价值观和道德观。

片段二:班级价值观构建

定期组织"班级价值观讨论会",引导学生共同探讨和确定班级的核心价值观,是将儿童哲学融入班会的又一重要举措。在讨论会上,教师可以引导学生围绕"友谊的真谛""责任与担当"等具有哲学深度的问题展开讨论,让学生在讨论中深入思考班级价值观的内涵和意义。例如,在讨论"友谊的真谛"这一问题时,教师可以引导学生思考"什么是真正的友谊?""友谊需要具备哪些要素?""在班级中,我们应该如何建立和维护真正的友谊?"等问题。通过这样的讨论活动,能培养学生的集体意识和团队精神,使他们在共同探讨和交流中,形成积极向上、团结友爱的班级价值观,为班级的和谐发展和学生的健康成长奠定坚实的基础。

(5)实践过程与案例分析

我们在多个班级中开展了儿童哲学与班会课融合的实践。实践过程中,我们结合儿童的认知特点和兴趣,精心设计了多样化的活动形式,以期在轻松愉快的氛围中引导学生进行深入的哲学思考。

实践初期,我们通过问卷调查和访谈,了解了学生对于生命、友谊、责任等议题的初步看法,为后续的实践提供了重要参考。在此基础上,我们定期开展了以"生命的意义""友谊与合作""责任与担当"等为主题的班会活动。在活动中,我们鼓励学生自由发表观点,通过小组讨论、角色扮演、辩论等形式,激发学生的思考兴趣,引导他们在交流中深化对"三观"的理解。

以"生命的意义"这一主题为例,我们通过讲述生命起源的故事,引导学生思考生命的珍贵和独特。在小组讨论环节,学生们积极分享了自己对于生命的看法,有的认为生命是为了追求快乐和幸福,有的则认为生命的意义在于为社会做出贡献。这些观点的交流与碰撞,不仅丰富了学生对生命的理解,也让他们开始思考如何更好地珍惜和尊重生命。在"友谊与合作"的主题班会上,我们通过游戏和团队协作活动,让学生体验合作的重要性。在游戏中,学生们需要相互配合才能完成任务,这让他们深刻体会到了友谊和团队精神的力量。活动结束后,许多学生表示要更加珍惜朋友之间的情谊,学会在合作中相互理解和支持。我们还通过"责任与担当"的主题班会,引导学生认识到每个人在社会中都承担着一定的责任。我们通过讲述社会各行各业人员的职责和使命,激发学生的社会责任感。在小组讨论中,学生们纷纷表示要努力学习,长大后为社会做出贡献。

在实践过程中,我们密切关注学生的思维变化和行为表现。通过观察记录和分析,我们发现学生在参与活动的过程中,不仅思维能力得到了提升,而且对待生活和学习的态度也更加积极。他们开始主动思考问题,勇于表达自己的观点,学会了倾听和理解他人。这些变化充分证明了儿童哲学与班会课融合实践的有效性。

为了更深入地揭示融合实践对儿童"三观"培养的影响,我们选取了几个典型案例进行深入分析。其中,小明同学的变化尤为引人注目。在实践前,小明是一个内向且缺乏自信的孩子,对待学习和生活都显得较为消极。然而,在参与了一系列哲学与班会课融合的活动后,他逐渐变得开朗起来,不仅在课堂上积极发言,还主动参与了班级的各项活动。他的变化充分说明了融合实践对于提升"儿童"自信心和积极性的影响。

儿童哲学与班会课融合的实践不仅丰富了小学班会教育的内容形式,更有效地促进了儿童"三观"的培养。通过多样化的活动设计和深入的思考引导,我们成功地激发了学生的哲学兴趣,帮助他们在轻松愉快的氛围中建立了正确的世界观、人生观和价值观。

(6)评估方法与指标

在评估儿童哲学与班会课融合实践对儿童"三观"培养的效果时,我们综合运用了问卷调查、访谈和观察等多种方法,以确保评估的全面性和准确性。

问卷调查作为一种量化研究手段,能够广泛地收集学生对于"三观"相关议题的看法和态度。问卷设计过程中,我们特别关注了问题的针对性和开放性,旨在引导学生真实表达自己的想法。问卷内容涵盖了生命价值、友谊观、责任感等多个维度,通过统计分析学生对这些问题的回答,我们可以客观地了解他们在"三观"方面的认知水平和情感态度。访谈则作为一种质性研究方法,通过与学生进行深入的交流,我们能够更细致地把握他们的思想动态和价值观念。在访谈过程中,我们注重营造轻松愉快的氛围,引导学生自由表达,同时关注他们的言语表达和非言语信息,以更全面地理解他们的内心世界。观察法在本研究中也发挥了重要作用。我们通过参与班会课活动,实地观察学生在哲学讨论、角色扮演等环节中的表现,记录他们的行为举止和情绪反应。这些第一手资料为我们分析学生"三观"培养的实际效果提供了有力支持。

在评估方面,我们主要关注了学生对"三观"相关议题的认知程度、情感态度及行为表现。认知程度反映了学生对于"三观"基本概念和内涵的理解程度;情感态度则体现了学生对于这些议题的喜好、认同或排斥等情感倾向;行为表现则是学生在日常生活中践行"三观"的具体行动。通过综合分析这三个方面的指标,我们能够更全面地评价融合实践的效果。在数据收集方面,我们整理了问卷调查的结果,转录了访谈的录音,并详细记录了观察日志。这些数据为我们提供了丰富的信息,使得我们能够更深入地分析学生在"三观"培养过程中的变化与成长。同时,我们也注重数据的保密性和伦理性,确保研究过程符合学术规范。

(7) 评估结果分析

在进行了系统的评估之后,我们对儿童哲学与班会课融合实践的效果有了更为清晰的认识。从评估结果来看,这一创新教育模式在学生"三观"培养方面的成效显著,具体表现在以下几个方面:

学生对于生命、友谊、责任等核心议题的理解明显加深。通过哲学讨论和班会活动的引导,他们开始主动思考这些抽象概念背后的深层含义,而不仅仅是停留在表面的认知。例如,在讨论生命的意义时,学生们能够提出"生命不仅是为了活着,更是为了寻找快乐和实现自己的价值"这样的观点,显示出他们对生命价值有了更深入的思考。学生在情感态度上也展现出了积极的变化。他们变得更加乐观向上,愿意面对挑战,勇于承担责任。这种变化不仅体现在课堂上的积极参与,也反映在日常生活中的点点滴滴。比如,在面对困难时,学生们能够相互鼓励,共同寻找解决问题的办法,而不是轻易放弃或逃避。学生的行为表现也呈现出了明显的改进。他们变得更加注重文明礼貌,懂得尊重他人,愿意与他人团结协作。这种变化不仅提升了班级的整体氛围,也为学生们未来在社会中的发展奠定了良好的基础。

儿童哲学与班会课融合的实践方案在学生"三观"培养方面取得了显著成效。这一教育模式不仅促进了学生对核心议题的深入理解,还引导他们在情感态度和行为表现上做出了积极的改变。这些成果充分证明了该实践方案的有效性和可行性,也为今后的教育提供了参考。

三、儿童哲学与校本课程建设

1. "儿哲一刻"

(1) 理念与目标

"儿哲一刻"是班主任教师利用午休的15分钟精心打造的一场精彩纷呈的思维盛宴。这"一刻",绝不仅仅是简单的时间计量,而是承载着无比重要意义的珍贵瞬间。在这短暂却充满魔力的 15 分钟里,学生们的智慧火花得以激烈碰撞,深邃的哲思如同璀璨星辰不断闪现。

此活动紧密围绕学校的各类主题教育以及近期备受关注的公共性问题展开。其核心目的在于借助儿童哲学独特的讨论与辩论形式,为学生们营造一个自由开放的思考空间,深度激发他们内心潜藏的思考力量,悉心培育他们的批判性思维,并锤炼其表达能力。让学生们在思想的交锋中,学会独立思考、勇敢质疑、清晰表达,从而为未来的学习与生活奠定坚实的思维基础。

(2) 实施策略

① 主题选定

"儿哲一刻"的主题选择至关重要,需要紧密结合学校各类主题教育、近期学校存在的公共性问题或学生的实际需求进行精心挑选。所选主题应具备一定的哲学深度和探讨价值,能够有效激发学生的兴趣和思考热情。例如,在学校开展环保主题教育期间,"儿哲一刻"的主题可以设定为"人类与自然的关系";当学校出现学生之间的合作与竞争问题时,主题可以选择"合作与竞争的意义与价值";针对学生在学习过程中出现的挫折和压力,主题可以是"挫折与成长"等;"诚信的力量"这一主题,引导学生们思考诚信在人际交往、社会秩序构建中的关键作用,以及失去诚信可能带来的严重后果;"友情的界限"则促使学生们探讨在友情中如何保持个体的独立性,如何处理友情中的冲突与矛盾,以及怎样界定健康的友情边界。通过选择与学生生活和学习密切相关的主题,能够使学生更加积极主动地参与哲学讨论,提高他们的学习效果和思维能力。

② 讨论与反馈

围绕绘本故事中的哲学主题组织学生进行讨论或辩论,是"儿哲一刻"的核心环节。将班级合理地分为若干个小组,为每个小组营造出宽松自由的讨论氛围。在这个过程中,鼓励每一位学生勇敢地发表自己独特的见解,让不同的观点相互碰撞、交融。学生们在小组内畅所欲言,分享自己的亲身经历、听闻的故事或者从书本中获取的知识,通过交流,初步形成观点的交锋与融合,为后续的全班辩论打下坚实的基础。从各个小组中精心选取具有代表性的学生进行全班辩论。在这个激烈的辩论环节,教师并非置身事外,而是给予及时的正面反馈和建设性建议,肯定学生的积极思考和创新观点,同时针对存在的问题和不足,提供具体的指导和改进方向,引导学生相互倾听、尊重和理解他人的观点,培养学生的批判性思维和交流能力。通过积极的讨论与反馈,学生能够不断深化对哲学主题的理解,拓展思维的广度和深度。

③ 总结与拓展

在讨论与反馈环节结束后,教师应对学生的表现和讨论结果进行总结和梳理。总结时,要突出重点,强调关键的哲学观点和思考方法,帮助学生巩固所学内容。同时,教师还可以根据学生的兴趣和需求,进行适当的拓展和延伸,推荐相关的书籍、电影或其他学习资源,鼓励学生在课后继续深入探索哲学领域。通过总结与拓展,进一步激发学生对哲学的热爱和探索精神,培养他们的自主学习能力和终身学习意识。

④ 体验表反馈

活动结束后,引导学生完成体验表。这份体验表就像是学生们思想旅程的记录册,他们可以在这里认真地记录下自己在活动中的思考过程与深刻感受。这不仅有助于学生们对自己的思维进行梳理与反思,更能为后续的学习与成长提供宝贵的经验参考,实现自我的不断提升与完善。

⑤ 效果评估

为了准确评估"儿哲一刻"对学生思维发展与价值观塑造所产生的实际成效,我们采取了多维度的观察与分析方法。通过细致观察学生在讨论中的表现,包括参与积极性、观点的创新性、思维的逻辑性等方面,全面了解学生们在思维活跃度和表达能力上的进步。同时,我们认真分析体验表的反馈内容,从中洞察学生们内心的变化与成长。此外,密切关注他们在后续学习生活中的行为变化,比如在解决问题时是否能运用批判性思维,在与他人交流中是否能够清晰有效地表达自己的观点,以及在面对道德抉择时是否能坚守正确的价值观。

2. 绘本故事课

(1) 课程目标

绘本故事课以充满魅力的绘本为重要载体,旨在通过丰富多彩、引人入胜的故事情节以及深藏其中的深刻哲理内涵,为学生开启一扇认识生命、理解世界的智慧之门。课程精心设定了一级目标——"认识生命",并在此基础之上,进一步将其细化为多个具体的二级目标。其中,"认识自己、悦纳自己"这一目标,帮助学生深入了解自己的性格特点、兴趣爱好和优势不足,从而学会欣赏自己的独特之处,建立积极的自我形象;"教养规则、人际交往"则教导学生懂得社会交往中的基本礼仪和规范,学会与他人友好相处、合作共赢;"责任担当、关注自然"培养学生对社会和环境的责任感,让他们明白自己在保护自然、关爱地球方面的重要角色;"关心长辈、感恩教育"引导学生珍惜亲情,懂得感恩长辈的辛勤付出,传承中华民族的传统美德;"直面死亡、坦然接受"帮助学生消除对死亡的恐惧和误解,以平和、坦然的心态面对生命的必然过程。

(2) 内容设计与实施

① 年级主题分化

针对不同年龄段学生在认知水平和心理发展上的显著差异,我们对绘本故事课的内容进行了精心的年级主题分化。

在低年级阶段,课程更加注重学生的自我认知和情感培养。通过温馨可爱的绘本故事,如《我喜欢自己》《猜猜我有多爱你》等,帮助学生们初步认识自己的身体和情绪,感受亲情和友情的温暖,培养积极向上的情感态度。对于中年级,课程重点强化人际交往与责任感教育。选用《好朋友》《勇气》

等绘本,引导学生们学会与同学、朋友和谐相处,勇敢面对困难和挑战,承担起自己在集体中的责任。而在高年级,课程则深入探讨生命的意义与社会责任。通过阅读《一片叶子落下来》《爷爷变成了幽灵》等具有深度的绘本,促使学生们思考人生的价值和意义,关注社会问题,培养社会责任感和使命感。

② 教材开发与编制

为了确保绘本故事课的教学质量和效果,我们组织任课教师全员参与,齐心协力开展教材的开发与编制工作。在这个过程中,教师们广泛搜罗国内外优秀的绘本资源,结合各年级的教学目标和学生的实际需求,进行精心筛选和整合。他们深入研究每一本绘本的主题、情节、画面和文字,挖掘其中蕴含的教育价值,并根据学生的认知特点和阅读水平,设计出富有启发性的教学活动和问题链,共同开发编制出多套适合各年级的高质量教材。

③ 课堂教学实践

在实际的课堂教学中,教师们充分运用自编教材,灵活采用多种教学形式,引导学生深入思考绘本中的哲理。

教师通过声情并茂的故事讲述,将学生们带入一个个奇妙的绘本世界,让他们沉浸在精彩的故事情节中,感受其中的情感起伏和思想冲击。接着,组织学生们进行角色扮演,让他们亲身体验故事中角色的内心世界和情感变化,进一步加深对绘本内涵的理解。然后,开展热烈的讨论分享活动,鼓励学生们大胆发表自己对绘本的看法和感悟,倾听他人的观点,在思想的交流与碰撞中,不断拓展思维的广度和探索思维的深度。

④ 效果评估

为了全面、准确地评估绘本故事课对儿童生命教育目标的达成情况,我们采用了多元化的评估方式。

一是通过对学生对绘本内容的理解程度进行考查,了解他们是否能够把握故事的主题、情节和蕴含的哲理。这可以通过课堂提问、小组讨论、书面作业等方式来实现。二是关注学生在课堂上的参与度,观察他们是否积极主动地参与故事讲述、角色扮演和讨论分享等活动,是否能够全情投入、充分发挥自己的想象力和创造力。三是认真收集学生的课后反馈,包括他们对课程的喜爱程度、学习收获和建议等。通过这些多维度的评估数据,我们能够清晰地看到绘本故事课在儿童生命教育方面的实际成效,发现存在的问题和不足之处,为课程的不断优化和改进提供有力的依据。

3. "沃岭"儿童哲学课

(1) 课程特色

"沃岭"儿童哲学课由充满爱心与社会责任感的"沃岭助学"公益组织倾情提供。这一课程巧妙地以儿童绘本为独特载体,旨在全方位提升学生的思维能力与核心素养,为他们的未来发展奠定坚实基础。

课程高度强调逻辑推理技能的培养,积极鼓励学生学会勇敢提问、用心倾听、深入思考、清晰表达以及明智选择。通过这样一系列具有挑战性和启发性的学习过程,帮助学生重构对生命与世界的认知,培养他们以更加全面、深刻、理性的视角去看待周围的一切。

(2) 核心素养培养

课程将重点聚焦于培养学生的关爱式思维、批判性思维、合作式思维及创造性思维。

关爱式思维的培养,让学生学会以善良、温暖的心去理解他人的感受和需求,学会关爱身边的人,传递爱与温暖。批判性思维的培育,使学生在面对问题和信息时,能够保持独立思考,不盲目跟从,敢于质疑和批判,从而形成自己的见解。合作式思维的训练,教导学生懂得在团队中与他人协作,学会倾听他人的意见,发挥各自的优势,共同解决问题,实现共同目标。创造性思维的激发,鼓励学生大胆想象,勇于创新,提出独特的想法和解决方案,培养创造力和创新精神。

通过一系列精心设计的哲学绘本课程，引导学生在思考中学会关爱他人、批判性审视问题、有效合作及勇于创新，为他们的成长注入强大的精神动力和智慧力量。

（3）实施方式

课程采用了多元化的实施方式，巧妙地结合绘本阅读、哲学讨论、思维训练等多种形式，为学生精心打造了一个充满挑战与乐趣的思维成长空间。

在绘本阅读环节，学生们沉浸在精彩的绘本世界中，通过阅读优美的文字和欣赏生动的画面，感受故事中的情感和哲理。哲学讨论环节，教师引导学生们针对绘本中的问题和观点展开热烈的讨论，鼓励他们发表自己的见解，倾听他人的想法，在思想的交流与碰撞中激发思维的火花。思维训练环节，则通过各种有趣的游戏、谜题和活动，锻炼学生们的逻辑思维、分析能力和解决问题的能力，让他们在轻松愉快的氛围中提升思维水平。

（4）效果评估

为了准确评估"沃岭"儿童哲学课对学生核心素养提升的实际成效，我们采取了多种科学有效的评估方法。

仔细观察学生在课程中的表现，包括他们的参与热情、思维活跃度、团队协作能力等方面，全面了解他们在课堂上的学习状态和进步情况。

定期进行思维能力测试，采用专业的测试工具和方法，对学生的逻辑推理、批判性思维、创新思维等能力进行量化评估，直观地反映出他们在思维能力方面的提升程度。同时，关注学生在后续学习生活中的应用情况，观察他们是否能够将在课程中学到的思维方法和核心素养运用到实际的学习和生活中，解决问题、应对挑战，学以致用。

通过综合分析这些评估数据，我们能够客观、准确地评估"沃岭"儿童哲学课的教学效果，及时发现存在的问题和不足之处，为课程的优化和改进提供有力的支持和保障。

4. 家长微课堂

（1）理念与目标

家长微课堂的设立，旨在通过诚挚邀请优秀家长走进校园授课，积极促进家校共育，形成强大的教育合力，共同推动儿童哲学教育的蓬勃发展。结合生动有趣的绘本阅读，精心组织家庭儿童绘本阅读沙龙活动，以"以内引外，以点带面"的创新方式，在校园、家庭、社区营造出浓厚的阅读氛围。

通过这种方式，不仅能够充分发挥家长在教育中的重要作用，为学生们带来多元化的学习体验，还能够加强家校之间的沟通与合作，共同关注学生们的成长与发展。同时，将儿童哲学教育的影响力从校园延伸至家庭和社区，让更多的学生和家庭受益，形成全社会共同关注和支持儿童哲学教育的良好局面。

（2）实施步骤

① 家长招募与培训

首先，向广大热心教育、具备良好阅读素养的家长发出诚挚邀请，让他们积极参与到授课活动中来。对于报名参与的家长，提前进行系统全面的儿童哲学教育理念与方法的培训。

在培训过程中，为家长们详细介绍儿童哲学教育的目标、意义和方法，帮助他们深入理解儿童的思维特点和发展需求。同时，通过案例分析、模拟教学等方式，让家长们掌握有效的绘本阅读技巧和引导学生思考的方法，提升他们的教学能力和水平。

② 课堂实施

经过精心培训的家长满怀热情地走进教室，围绕特定的绘本开展丰富多彩的阅读分享与哲学讨论活动。在这个过程中，家长们充分发挥自己的特长和优势，以亲切、生动的方式为学生们讲述绘本故事，引导他们深入思考其中的哲理和问题。

通过与学生们的互动交流，激发他们的好奇心和求知欲，让学生们在轻松愉快的氛围中感受哲学思考的乐趣,培养思维能力和阅读兴趣。

③ 效果评估

为了客观准确地评估家长微课堂在儿童哲学教育推广与家校共育方面所取得的成效,我们广泛收集来自家长、学生以及教师的反馈信息。

通过与家长和学生进行深入的交流和访谈,了解他们在参与活动过程中的感受和收获,以及对活动的满意度和改进建议。同时,密切关注家庭阅读氛围的变化,观察家庭成员对儿童哲学教育的关注度和参与度是否有所提高,评估活动在家庭教育中产生的影响力和辐射效果。

综合分析这些评估数据,我们能够全面了解家长微课堂的实施效果,及时总结经验教训,不断优化活动方案和内容,推动家长微课堂在儿童哲学教育和家校共育方面发挥更大的作用。

第五章

儿童哲学
在家庭教育中的应用

将儿童哲学融入家庭教育中，不仅有助于提升孩子的思维能力，还能够培养其道德观念和审美情趣。通过哲学思考的训练，孩子们可以更加深入地理解人生的意义和价值，形成正确的世界观、人生观和价值观。此外，儿童哲学的应用还能够激发孩子的好奇心和求知欲，培养其主动学习和探索的习惯，为未来的学习和生活奠定坚实基础。

家庭亲子阅读坊作为一种新兴的家庭教育形式，为家长和孩子提供了一个共同学习和交流的平台。通过阅读哲学启蒙读物、开展讨论和思考等活动，孩子们可以在家长的引导下，逐渐培养起独立思考和解决问题的能力。同时，家庭亲子阅读坊还能够促进家长与孩子之间的情感交流，增进彼此的理解和信任，为构建和谐的家庭氛围奠定坚实基础。

一、国内外研究现状

在儿童哲学教育和家庭亲子阅读的研究领域，国内外学者已经取得了显著的进展。国外研究方面，众多学者致力于儿童哲学教育的理论基础与教学方法的探索。例如李普曼等学者提出的"儿童哲学探究团体"就是一个具有影响力的教育模式。该模式强调通过引导孩子进行哲学讨论，培养他们的批判性思维能力和道德观念。同时，国外的研究也注重儿童哲学教育与各类教学活动的结合，如将哲学理念融入阅读教学，以提升孩子们的阅读理解能力和思辨能力。

国内研究方面，对于儿童哲学教育的关注也在逐年提升。国内学者不仅翻译和引进了大量的国外儿童哲学教育理论与实践文献，还结合本土文化进行了诸多创新性的实践应用。特别是在家庭教育的结合上，国内学者提出了诸多将儿童哲学融入日常生活中的方法，如通过家庭亲子阅读坊等形式，让孩子在与家长的共同阅读中，接触哲学思想，培养哲学素养和批判性思维。

尽管国内外在儿童哲学教育和家庭亲子阅读方面的研究已有所建树，

但目前关于家庭亲子阅读坊在儿童哲学教育中的具体应用研究还相对有限。这为研究提供了契机，即通过深入探讨家庭亲子阅读坊在儿童哲学教育中的应用，为家庭教育实践提供新的思路和方法。

国内有一些教育工作者和学校也开始尝试将儿童哲学教育融入家庭亲子阅读活动中，通过选取富含哲学思想的儿童读物，设计互动性强的阅读任务，让孩子和家长在阅读过程中共同思考、讨论，从而达到培养孩子批判性思维和道德观念的目的。这些实践为本项研究提供了宝贵的经验和参考。

国内外学者普遍认为，家庭是孩子成长的重要环境，家庭教育对于孩子的全面发展具有不可替代的作用。因此，将儿童哲学融入家庭教育，特别是通过家庭亲子阅读坊这一形式，不仅能够增进家长与孩子之间的情感交流，还能够有效地提升孩子的思维能力、道德观念以及人文素养。

本章将深入探讨家庭亲子阅读坊在儿童哲学教育中的具体应用，以期为家庭教育提供新的视角和方法，推动儿童哲学教育的普及和发展。我们期望能够为家长和教育工作者提供参考，助力孩子们在全面发展的道路上走得更远。

二、研究方法

在研究家庭亲子阅读坊在儿童哲学教育中的应用时，我们采用了多元化的研究方法，旨在全面而深入地探索这一现象。我们结合了文献分析法、案例研究法以及问卷调查法，以确保研究的广度和深度。

通过文献分析法，我们系统地梳理了儿童哲学教育和家庭亲子阅读方面的已有研究，这为后续的实证研究提供了理论基础和背景知识。在这一过程中，我们特别关注了国内外学者在儿童哲学教育实践和家庭亲子阅读方面的研究成果，以及家庭亲子阅读坊在儿童哲学教育中的潜在作用。

案例研究法使我们能够聚焦于具体的家庭亲子阅读坊实践案例。我们详细分析了若干个具有代表性的案例，包括家庭亲子阅读坊的组织形式、活动内容、家长和孩子的互动方式等,以揭示其在儿童哲学教育中的实际应用和效果。这些案例研究不仅提供了丰富的实证材料,还帮助我们理解了家庭亲子阅读坊如何有效地促进儿童哲学思维的发展。

我们还通过问卷调查法收集了大量一线数据。我们设计了一份详细的各年级调查问卷,针对参与过家庭亲子阅读坊的家长和孩子进行调查,以了解他们对这一活动的看法、体验和收获。这些数据为我们评估家庭亲子阅读坊在儿童哲学教育中的实际效果提供了有力的支持。我们将儿童哲学教育与家庭亲子阅读坊紧密结合,通过具体的实践案例和数据分析,深入探讨了家庭亲子阅读坊在儿童哲学教育中的应用及其效果。这一创新不仅丰富了儿童哲学教育的实践形式,还为家庭教育提供了新的视角和方法,同时我们还发现,家庭亲子阅读坊在促进亲子关系、提高孩子阅读兴趣和能力等方面也发挥了积极作用。研究结果进一步证实了家庭亲子阅读坊在儿童教育中的多重价值,也为未来的研究和实践提供了新的思路和方向。

三、家庭亲子阅读坊的构建

1. 阅读空间的选择与布置

为了营造一个舒适、宁静且充满书香气息的阅读环境,家庭亲子阅读坊的选址和布置显得至关重要。家长在选择阅读空间时,应优先考虑家中较为安静的角落或独立的房间,以确保孩子在阅读时能够免受外界干扰,专注于书中的世界。同时,根据孩子的年龄和喜好进行布置也是关键,因为一个符合孩子心理特点的阅读环境能够激发他们的阅读兴趣,提升阅读效果。

在布置阅读空间时,家长可以从多个方面入手。首先,选择柔软的沙发和舒适的坐垫,这些家具不仅能够提供舒适的阅读姿势,还能够让孩子在阅读过程中感受到家的温馨和安全。其次,温馨的灯光也是营造阅读氛围的重要元素,柔和的光线能够减轻孩子的视觉疲劳,让他们更愿意长时间停留在阅读空间中。此外,孩子喜欢的装饰品如卡通玩偶、植物等也可以用来点缀阅读空间，这些元素能够增加空间的趣味性和个性，让孩子更加喜欢这个专属于他们的阅读天地。除了物质环境的布置，家长还可以在阅读空间中融入一些哲学元素。例如，在墙壁上张贴一些富有哲理的名言警句，或者在书架上摆放一些哲学启蒙读物。这些元素能够潜移默化地引导孩子思考人生、探索世界，培养他们的批判性思维和道德观念。同时，家长还可以利用阅读空间与孩子进行定期的亲子阅读活动，通过共同阅读和讨论书中的内容，增进亲子关系，促进孩子的全面发展。

在阅读空间的选择与布置过程中，家长需要充分考虑孩子的实际需求和个性特点，以打造一个既舒适又充满文化氛围的阅读环境。这样的阅读空间不仅能够成为孩子学习知识的宝地，更能够成为他们心灵成长的港湾。通过精心选择和布置阅读空间，家长可以为孩子开启一段愉快的阅读之旅，引领他们走向更加广阔的知识海洋。有关阅读空间的选择与布置，一些学者在他们的研究中也有所提及。例如，在某项关于儿童图书馆在家庭阅读文化发展中的作用的研究中，学者们强调了阅读环境对于激发孩子阅读兴趣的重要性。尽管这项研究主要关注的是图书馆环境，但其理念同样适用于家庭亲子阅读坊的构建。家长们可以借鉴这些研究成果，为自己的孩子打造一个更加理想的阅读空间。

家庭亲子阅读坊的构建是一个需要综合考虑多方面因素的过程。通过精心选择和布置阅读空间，融入哲学元素，以及借鉴相关研究成果，家长们可以为孩子营造一个舒适、宁静且充满书香气息的阅读环境，为他们的全面发展提供有力支持。

2. 绘本的挑选与分类

在构建家庭亲子阅读坊的过程中，绘本的挑选与分类是一个至关重要的环节。这一步骤需要家长们深思熟虑，以确保所选绘本能够引发孩子们的阅读兴趣，同时也有助于培养他们的批判性思维和道德观念。

家长应根据孩子的年龄段和兴趣爱好来挑选绘本。对于低幼年龄段的孩子,绘本应具备色彩鲜艳、图案生动、文字简洁的特点。比如《猜猜我有多爱你》用两只兔子相互比较谁爱对方更多的方式,展现了爱的无限和难以衡量,孩子能从中感受到亲情的温暖和深沉。《好饿的毛毛虫》则通过毛毛虫从虫卵变成美丽蝴蝶的过程,传达了成长和变化的道理,让孩子明白每个阶段都有其意义和价值。而对于高年级的孩子,可以选择更具深度的故事书。比如《小王子》,在这个故事里,小王子游历各个星球的经历,能让孩子思考关于孤独、友谊、责任和爱的真谛。《夏洛的网》则讲述了一只小猪和一只蜘蛛之间感人至深的故事,引发孩子对生命、善良和牺牲精神的深刻思考。这些读物不仅富有教育意义,还能激发孩子的阅读兴趣,为他们开启哲学思考的大门。这些绘本不仅需要拥有精美的画面,能吸引孩子的注意力,还要具备丰富充实的内容,能在传递知识的同时,引导孩子树立正确的价值观,培养他们的审美能力和创造力。

设定清晰、明确且具有针对性的教育目标,是家庭亲子阅读坊构建过程中的关键一环。首要目标是促进亲子关系的和谐发展,通过共同阅读与交流互动,增强亲子之间的情感纽带与信任基础。其次,要致力于培养孩子的阅读习惯,使阅读成为孩子日常生活中不可或缺的一部分,从而为其后续的学习与成长奠定坚实的基础。此外,提升孩子的语言表达能力和思维能力也是重要目标,通过阅读过程中的提问、讨论与思考,激发孩子的思维活力,锻炼他们的语言组织与表达能力。随着孩子年龄的不断增长和认知水平的逐步提高,阅读坊的配置和活动内容也需要进行适时、合理的调整与优化。家长可以根据绘本的主题、难度以及孩子的阅读能力等因素来进行分类。例如,可以将绘本按照主题划分为"友情类""亲情类""成长类"等;按照难度划分为"初级""中级""高级"等。家长在分类绘本时,还可以考虑孩子的个性特点和阅读需求,对于性格内向、喜欢安静的孩子,可以选择一些情感细腻、故事温馨的绘本;而对于性格外向、活泼好动的孩子,则可以选择一些情节紧凑、冒险刺激的绘本。如果孩子对自然科学感兴趣,可以选择《神奇校车》系列;如果孩子正在学习历史,可以引入《写给儿童的中国历史》等书籍。这样的分类方式能够更好地满足孩子的个性化需求,提升他们的阅读兴趣和积极性。

家长在挑选和分类绘本时,还可以参考一些专业的绘本推荐和书评。这些资源不仅能为家长提供更多的选择参考,还能帮助他们更深入地了解绘本的内容和寓意。同时,家长也可以相互分享和交流绘本挑选和分类的经验,以便不断完善和优化自己的家庭亲子阅读坊。

为了拓宽孩子的社交圈子和阅读视野,家长可以组织跨家庭的亲子阅读活动。邀请邻居、朋友或同学的家庭一起参与,每个家庭可以分享自己近期阅读的一本好书,或者共同探讨一部热门的儿童文学作品。在这样的活动中,孩子们能够结交新朋友,了解不同家庭的阅读习惯和思考方式,从而丰富自己的认知和经验。通过与其他孩子的交流和互动,他们能够学会倾听不同的观点,尊重他人的想法,进一步提升自己的语言表达能力和社交技能。

3. 阅读计划的制订与实施

制订阅读计划是确保家庭亲子阅读坊有效运行的重要环节。这一计划应当充分考虑孩子的年龄、兴趣、阅读能力以及家庭的实际状况,从而确保阅读活动的持续性和有效性。

在制订阅读计划时,明确阅读时间是首要步骤。家长应根据孩子的日常作息和学业负担,合理安排每日或每周的固定阅读时段。例如每天晚上睡前半小时或者周末的某个时间段,以形成规律的阅读习惯。这样的规律性安排有助于培养孩子良好的阅读习惯,并让他们在阅读中感受到稳定和安全感。频率的设定也需灵活调整,既要保证阅读的连续性,又要避免过度压迫,让孩子在轻松愉快的氛围中享受阅读。

阅读方式的选择同样关键。亲子共读是一种极佳的方式,它不仅能增进家长与孩子之间的情感联系,还能促进家长和孩子在阅读过程中进行实时的交流与讨论。此外,独立阅读也是培养孩子自主思考和学习能力的重要手段。家长可以根据绘本的难易程度和孩子的阅读能力,灵活调整阅读方式。实施阅读计划时,家长应与孩子共同制定目标。这些目标可以是短期的,如每周读完一本绘本;也可以是长期的,如提高阅读理解能力或拓展知识面。目标的设定有助于激发孩子的阅读动力,也让他们在阅读过程中更有方向感。

分享感受和讨论问题也是阅读计划中的重要环节。家长应鼓励孩子在阅读后表达自己的感想,这不仅能锻炼孩子的口头表达能力,还能加深他们对绘本内容的理解。同时,家长可以提出与绘本内容相关的问题,引导孩子进行深入思考,培养他们的批判性思维和问题解决能力。

阅读计划的制订与实施需要家长的耐心和细心。通过合理的安排和有效的引导,家庭亲子阅读坊将成为孩子成长道路上的宝贵财富,为他们的全面发展奠定坚实基础。在此过程中,家长还可以借鉴相关教育理念和实践经验,如肯尼亚基里尼亚家庭中儿童对购买决策的影响研究,虽然这一研究与阅读计划制订无直接关联,但它强调了儿童在家庭决策中的参与度和影响力,提示我们在制订阅读计划时也应充分考虑孩子的意见和需求。阅读计划的灵活性也非常重要,可以根据孩子的反馈和实际情况进行适时调整。例如,如果发现孩子对某一类型的绘本特别感兴趣,可以适当增加该类绘本的阅读时间。此外,家长还可以通过创新阅读方式,如角色扮演、绘本创作等,来增强孩子的阅读体验和参与度。

制订与实施个性化的阅读计划是家庭亲子阅读坊成功的关键。通过明确阅读时间、频率和方式,与孩子共同制定目标,以及分享感受和讨论问题,家长可以有效地促进孩子的阅读兴趣和能力的发展,为他们的成长打下坚实的基础。

四、家庭亲子阅读坊与儿童哲学的融合

1. 亲子共读与哲学思考

亲子共读这一看似平常的家庭活动,实则蕴含着深厚的哲学思考空间。在家庭亲子阅读坊中,这一活动被赋予了更为特殊的意义。当家长与孩子共同沉浸在绘本的世界,他们不仅是在分享一个故事,更是在共同探索一个充满哲理与智慧的宇宙。在这个过程中,家长的角色至关重要。他们不仅是故事的讲述者,更是孩子思考的引导者。通过精心挑选的绘本,家长可以引入各种哲学主题,如善恶、正义、友谊、勇气等,让孩子在听故事的同时,思考这些抽象而深刻的概念。这种思考对于孩子来说,可能是一种全新的体验,但正是这种体验,能够激发他们的好奇心和求知欲,推动他们走向更高层次的认知。

亲子共读也是增进亲子感情和信任的重要途径。当家长与孩子一起探讨故事中的哲学问题时,他们不仅在知识层面进行了交流,更在情感层面建立了深厚的联系。孩子会感受到家长的关心和支持,从而更加愿意与家长分享自己的想法和感受。这种亲密的互动,有助于建立一种基于理解和尊重的亲子关系,为孩子的健康成长提供坚实的心理基础。亲子共读中的哲学思考还能够培养孩子的批判性思维和创新能力。当面对故事中的复杂情境和道德抉择时,孩子需要学会独立思考、分析利弊、做出判断。这种思维训练,不仅能够帮助他们在现实生活中更好地应对各种挑战,还能够激发他们的创新意识和探索精神。

《猜猜我有多爱你》是一本充满温情的绘本,其中蕴含着丰富的儿童哲学元素,具体包括以下几方面:

(1) 关于爱的表达与衡量

绘本中,大兔子和小兔子努力用各种方式来形容自己对对方爱的程度。这引发了关于"爱如何表达"以及"爱是否能够衡量"的思考。孩子们可以通

过这个故事探讨爱的多样性和无限性,明白爱不是一个可以精确量化的东西,而是一种深深的情感连接。

(2)比较与竞争的观念

小兔子和大兔子不断地比较谁爱得更多,这反映了在生活中常见的比较心理。但通过故事的发展,孩子们可以领悟到,爱不是通过比较来确定的,而是无条件和无私的。这种比较也可以引导孩子思考竞争的意义和价值,以及在什么情况下比较是有益的,什么情况下是不必要的。

(3)认知的局限性

尽管小兔子绞尽脑汁地想出各种办法来表达爱,但它的认知和想象力仍然有限。而大兔子总能给出更"多"的爱的表达。这可以让孩子们意识到,随着成长和经历的增加,我们的认知会不断拓展,但同时也永远存在未知和需要学习的领域。

(4)个体差异与独特性

小兔子和大兔子表达爱的方式不同,爱的程度也难以确切比较。这体现了个体之间的差异,每个个体都有自己独特的方式去感受和表达爱。孩子们可以从中理解到,人与人是不同的,但爱都是真挚而美好的。

(5)永恒与变化

故事中的爱始终存在且不变,但表达爱的方式和程度却在不断变化。这能启发孩子思考在生活中,什么是永恒不变的,什么是会随着时间和情境而变化的,从而培养他们对事物本质和表象的辨别能力。

在阅读《猜猜我有多爱你》时,家长可以引导孩子观察大兔子和小兔子的动作、表情,体会它们之间深厚的爱意。同时,家长可以通过精心设计的提问,如"小兔子是怎么表达对大兔子的爱的?""你觉得大兔子的爱更多还是小兔子的爱更多?为什么?"引导孩子深入思考绘本的内容和主题。在完成共读之后,家长可以组织一些相关的活动,如角色扮演和故事复述等,进一步巩固孩子对故事的理解和记忆,提升他们的表现力和自信心。在角色扮演中,孩子可以选择自己喜欢的角色,模仿角色的言行举止和情感表达方式,将故事内容生动地展现出来;在故事复述环节,孩子可以用自己的语言重新讲述故事内容,锻炼语言组织和表达能力。《猜猜我有多爱你》以温馨可爱的方式,为孩子们提供了思考诸多哲学问题的契机,帮助他们在成长过程中建立更丰富、更深刻的情感认知和思维方式。

亲子共读与哲学思考在家庭亲子阅读坊中占据了举足轻重的地位。通过这一活动,家长不仅能够引导孩子深入探索绘本中的哲学世界,还能够增进亲子之间的感情和信任,培养孩子的批判性思维和创新能力。这无疑是一种寓教于乐、寓教于情的家庭教育方式,值得广大家长深入实践和探索。

2. 讨论与交流的开展

在亲子阅读过程中,讨论与交流是极为关键的环节。这种互动不仅有助于增进家庭成员之间的感情,更能在无形中培养孩子的思辨能力和表达能力。为了更有效地开展这些讨论,家长们需要掌握一定的技巧和方法。

要营造一个开放而安全的讨论环境。这意味着在讨论中,每个孩子都应该被鼓励发表自己的看法,而不用担心被批评或嘲笑。家长们可以通过自己的言行来示范如何尊重他人的观点,同时鼓励孩子们以理性和逻辑为基础来表达自己的看法。家长们需要学会提问和倾听。提问是引导孩子进行深入思考的重要手段。通过提出开放性的问题,如"你觉得这个故事里的主人公为什么会这样做?"或者"如果你是他,你会怎么做?"等,可以激发孩子们的思考和想象力。而在孩子们回答问题时,家长们则需要耐心倾听,不要急于打断或给出自己的评价。通过倾听,家长们可以更好地了解孩子们的想法,从而给予他们更恰当的引导和支持。

问题讨论是故事讲述的延伸和深化。家长应根据故事的内容,适时提出具有启发性的问题,引导孩子对故事中的情节、人物及主题进行深入思考。这些问题可以是关于人物动机、行为后果、道德选择等方面的。例如,在讲述《白雪公主》后,可以问孩子:"皇后为什么要嫉妒白雪公主的美貌?

嫉妒会带来什么后果？"在读完《小熊维尼》后，一起探讨"什么是真正的友谊？"，家长可以引导孩子回忆故事中维尼和朋友们一起经历的事情，比如一起冒险、互相帮助、分享快乐等，让孩子明白友谊不仅仅是一起玩耍，更是在困难时刻的支持和陪伴。或者在读完《勇敢的小裁缝》后，讨论"面对困难时我们应该怎么办？"，孩子可能会说小裁缝很勇敢，敢于面对巨人，家长可以进一步引导孩子思考勇敢的真正含义，是不是只有不害怕才是勇敢，还是在害怕的时候仍然能够前进也是勇敢，鼓励孩子表达自己的观点和感受。通过这样的讨论，孩子能够学会从不同的角度审视问题，培养辩证思维和批判性思维能力。

家长们还可以通过分享自己的经验和感受来丰富讨论的内容。这不仅可以拓宽孩子们的视野，还能让他们感受到家长们的关爱和支持。在分享时，家长们可以结合自己的生活经历，讲述一些与绘本主题相关的故事或感悟，从而引导孩子们进行更深入的思考和探讨。在讨论与交流的过程中，家长们还需要注意一些细节问题。例如，要尽量避免使用过于复杂或专业的词汇，以确保孩子们能够充分理解并参与讨论。同时，也要关注孩子们的情绪变化，及时调整讨论的节奏和氛围，以确保讨论能够愉快而有效地进行。角色扮演是一种非常有效的教育方式，它通过让孩子模拟角色的言行举止，帮助他们深入理解角色的内心世界和情感状态。在角色扮演的过程中，孩子会面临各种道德抉择的情境，家长可以通过适时的引导，让孩子思考角色的行为是否符合社会普遍认同的道德观念和价值标准。例如，在角色扮演《小熊宝宝》系列绘本时，孩子可以扮演小熊宝宝，体验在与朋友交往、分享玩具等情境中的情感变化和道德选择。选择《三只小猪》的故事，让孩子们分别扮演小猪和大灰狼，亲身体验故事中的人物和情节，加深对故事内容的理解和感悟。小组讨论时，可以以《丑小鸭》为例，让孩子们分组讨论丑小鸭变成白天鹅的原因，鼓励孩子发表自己的观点和看法，培养他们的团队合作能力和批判性思维。扮演《灰姑娘》中的灰姑娘时，让孩子感受她被继母和姐姐欺负时的委屈和痛苦，以及最终与王子相遇时的喜悦和幸福。角色扮演的最终目的是帮助孩子形成正确的价值观和道德观。在活动结束后，家长应与孩子一起回顾整个过程，分析每个角色的行为和选择，探讨其中所蕴含的道德和价值观念。通过这样的活动，不仅能够促进孩子的想象力和创造力的发展，还能够提升他们的自信心和语言表达能力，帮助他们在潜移默化中形成正确的价值观和道德观。

3. 道德观念的培育与实践

在家庭亲子阅读坊中，道德观念的培育与实践是一项至关重要的任务。通过阅读丰富多彩的绘本故事，孩子们能够接触到各种生动的道德情境，从而在家长的引导下，逐步建立起自己的道德观念体系。

在培育道德观念的过程中，家长需要注重方法和策略的运用。一方面，家长可以通过讲述富含道德寓义的故事，激发孩子们的思考和感悟。例如，在《狼和小羊》的故事中，孩子们可以深刻领会到强权与正义的冲突，从而引发他们对于公平与正义的思考。另一方面，家长还可以结合孩子们的实际生活，引导他们将绘本中的道德观念应用到日常生活中去。比如，在孩子们遇到争吵或冲突时，家长可以引导他们回忆绘本中的相关情节，让他们学会换位思考、理解他人，以更为成熟和理智的方式解决问题。

道德观念的培育与实践是一个长期且持续的过程，家庭亲子阅读坊在道德观念的培育与实践方面发挥着举足轻重的作用。家长需要保持耐心和恒心，不断引导孩子们在阅读和生活中发现、思考和践行道德观念。同时，家长自身也要树立榜样，以自己的言行影响和感染孩子们，共同营造一个充满爱与正义的家庭教育环境。

五、多样化的实践方式与创新应用

1. 哲学主题日活动

设定每月或每周的特定日子为"哲学主题日"，围绕一个核心哲学问题

或主题展开全天或半天的活动,其实施策略为:

(1) 主题选择

根据孩子的年龄和兴趣,选择既贴近日常生活又富有哲理性的主题,如"友谊日""责任日"等。通过这些主题,引导孩子深入思考生活中的哲学问题。比如,对于年幼的孩子,可以选择"友谊日",让他们思考什么是朋友,朋友之间应该如何相处;对于年龄稍大的孩子,可以选择"责任日",探讨在家庭、学校和社会中,自己有哪些责任,如何履行这些责任。

(2) 活动安排

围绕选定的主题设计一系列相关活动,如故事分享、角色扮演、小组讨论、手工制作等。确保活动内容丰富多彩,满足孩子的不同需求。在"友谊日",可以先进行友谊主题的故事分享,比如《青蛙和蟾蜍》的故事,然后让孩子们分组进行角色扮演,模拟朋友之间发生冲突和解决冲突的场景。接着,组织小组讨论,让孩子们分享自己在生活中与朋友的经历,以及如何处理朋友之间的矛盾。最后,让孩子们一起制作友谊手链,送给自己的好朋友,象征着友谊的长久。在"责任日",可以先让孩子们观看关于责任的动画短片,然后进行小组讨论,比如在学校里,作为学生有哪些责任,如何做到认真学习、遵守纪律。之后,让孩子们进行"责任拼图"的手工制作,将一幅关于责任的图片分成若干小块,每个孩子负责一块,共同完成拼图,让他们明白每个人都承担着一部分责任,只有共同努力才能完成目标。

(3) 家庭参与

鼓励全家成员共同参与哲学主题日活动。通过共同思考和讨论,增进亲子关系和家庭成员间的相互理解。同时,也让家长有机会观察和了解孩子的思想动态和成长变化。比如,在"家庭责任日",可以让每个家庭成员写下自己认为在家庭中应该承担的责任,然后互相交流和分享。家长可以分享自己在工作和照顾家庭方面的责任和压力,孩子也可以谈谈自己在学习和帮忙做家务方面的想法。通过这样的交流,家庭成员能够更加理解彼此的付出和努力,增强家庭的凝聚力。

2. 家庭哲学角

在家庭中设立专门的"哲学角",为孩子提供一个可以随时思考和探索哲学问题的空间,其实施策略为:

(1) 角落设置

在家庭中选择一个安静的角落布置哲学角。角落内可以放置哲学绘本、名言警句、思考板等物品,营造浓厚的哲学氛围。比如,可以选择书房的一个角落,铺上柔软的地毯,放上几个舒适的靠垫。在书架上摆放各种哲学绘本,如《苏菲的世界(儿童版)》《写给孩子的哲学启蒙书》等。在墙上张贴一些名言警句,如苏格拉底的"认识你自己"、笛卡尔的"我思故我在"等。同时,设置一块可以写字和画画的思考板,让孩子可以随时记录自己的想法和问题。此外,也可以安装一盏温馨的台灯,为孩子提供良好的阅读环境。

(2) 自主阅读

鼓励孩子在此自主阅读哲学绘本和其他相关书籍。通过阅读,孩子可以接触到更多的哲学思想和观点,激发思考和想象。比如,当孩子对"公平"这个概念感到好奇时,可以让他们阅读《石头汤》这本绘本,故事中三个和尚通过煮石头汤,让村民们明白了分享可以带来快乐和公平。读完后,孩子可能会对公平有更深入的理解和思考。

(3) 问题记录与创意表达

在哲学角内提供记录本和创作材料,让孩子记录在阅读过程中产生的哲学问题以及自己的思考和感受。同时,也鼓励孩子创作哲学故事或绘画作品来表达自己对哲学问题的理解和感受。比如,孩子在阅读关于"生命"的书籍后,可能会在记录本上写下"生命为什么会结束?",然后画出自己想象中生命结束后的场景。这些作品不仅可以作为孩子的成长记录,还可以成为家庭交流和分享的宝贵资源。家长可以定期和孩子一起回顾这些记录和作品,进一步探讨其中的哲学问题,促进孩子的思考和成长。

3. 日常哲学对话

将哲学对话融入孩子的日常生活,抓住每一个教育契机引导孩子深入思考,其实施策略为:

(1) 开放式提问

在日常生活中运用开放式问题引导孩子深入思考。例如,当孩子看到有人在公园里乱扔垃圾时,家长可以问:"你觉得这样做对吗?为什么?"孩子可能会回答"不对,因为这样会破坏环境,让公园变得不漂亮"。家长可以接着问:"那如果你看到有人这样做,你会怎么做呢?"通过这样的问题,激发孩子的思考兴趣并培养他们的批判性思维。再比如,当孩子想要买一个新玩具时,家长可以问:"你为什么想要这个玩具?它能给你带来什么快乐?"孩子可能会说:"因为它很酷,我可以和朋友一起玩。"家长可以进一步引导孩子:"那如果买了这个玩具,你打算怎么合理安排玩玩具的时间,不影响学习呢?"

(2) 情境模拟

通过假设或模拟情境让孩子在虚拟的环境中体验不同的选择和后果。例如,模拟一个道德困境:"假如你和朋友一起考试,朋友想抄你的答案,你会给他抄吗?"让孩子思考并做出决策。家长可以引导孩子分析每种选择可能带来的结果,比如给朋友抄答案可能会导致朋友失去学习的机会,自己也可能会受到处罚;不给朋友抄答案可能会暂时让朋友不高兴,但有助于朋友养成诚实的品质。或者模拟一个社交场景:"假如你在学校里被同学误解了,你会怎么去解释和解决这个问题?"让孩子练习沟通和表达技巧。孩子可能会说会主动找同学解释,家长可以问:"那你打算怎么说,才能让同学相信你呢?"

(3) 情感共鸣

关注孩子的情感体验并引导他们从情感出发深入思考问题的本质。例如当孩子在比赛中失利感到沮丧时,家长可以引导他们思考"失败是成功之母"的道理,并鼓励他们勇敢面对挑战。家长可以说:"宝贝,这次比赛输了没关系,你想想,从这次失败中你能学到什么?是不是下次比赛就知道怎么做得更好了?"或者当孩子表现出同情心和爱心,比如主动帮助有困难的同学时,家长可以引导他们思考"关爱他人也是关爱自己"的道理并培养他们的社会责任感和同情心。家长可以说:"你帮助了同学,是不是自己心里也很开心呀?这就是因为关爱他人会让我们自己也感到幸福和满足。"

4. 哲学游戏与竞赛

设计富有趣味性的哲学游戏和竞赛让孩子在游戏中学习和思考,其实施策略为:

(1) 设计游戏

结合儿童哲学元素设计各种有趣的游戏如"哲学接龙""道德判断棋"等。比如"哲学接龙"游戏,家长先给出一个哲学概念,比如"勇敢",孩子接着说出与勇敢相关的词语或句子,如"勇敢面对困难",然后家长再接着说"勇敢承认错误",如此循环,不仅可以帮助孩子巩固哲学知识,还可以培养他们的逻辑思维和判断能力。"道德判断棋"则是在棋盘上设置各种道德情境,如"在公交车上是否应该给老人让座",孩子通过掷骰子前进,遇到情境时做出判断,如果判断正确就可以前进,错误则后退。

(2) 组织竞赛

定期在家庭或社区内组织哲学游戏竞赛,邀请孩子和家长们共同参与。比如在周末组织"家庭哲学知识竞赛",将家庭成员分成小组,通过抢答的方式回答哲学问题。或者在社区的儿童节活动中,举办"儿童哲学辩论赛",让孩子们围绕"科技发展对人类是好事还是坏事"这样的话题展开辩论。通过竞赛的形式激发孩子的参与热情和竞争意识,同时也为他们提供了一个展示自己才华和能力的平台。

(3) 奖励机制

设立奖励机制,对表现优异的孩子给予奖励以激发其参与热情并增强其自信心和成就感。奖励可以是实物奖品,也可以是口头表扬或荣誉证书等形式,重要的是要让孩子感受到自己的努力和付出得到了认可和肯定。比如,如果孩子在"哲学故事演讲比赛"中表现出色,可以奖励他们一本哲学启蒙书籍;如果在"道德判断棋"游戏中获胜,可以给予他们一张"哲学小达人"的荣誉证书,并在家庭聚会上公开表扬。

5. 哲学电影观赏与讨论

通过观赏富含哲学意味的电影或纪录片引导孩子深入思考其中的哲学问题,其实施策略为:

(1) 精选电影

挑选适合儿童观看且富含哲学意味的电影或纪录片,如《寻梦环游记》《地球脉动》等。比如《寻梦环游记》探讨了家庭、梦想、死亡等深刻的主题,让孩子思考家人的重要性以及如何追求自己的梦想,同时也对死亡有更温暖和积极的理解。《地球脉动》则展现了大自然的神奇和脆弱,引发孩子对生命、环境保护、人与自然的关系等问题的思考。这些电影不仅具有教育意义,还能激发孩子的观影兴趣和思考欲望。

(2) 家庭观赏与讨论

组织家庭成员共同观看电影并留出时间进行深入讨论。在观影过程中家长可以引导孩子关注电影中的哲学元素,如人物性格、情节发展、主题思想等。比如在观看《寻梦环游记》时,当米格的曾祖母可可快要忘记她的父亲时,家长可以问孩子:"你觉得记忆对于我们来说意味着什么?为什么不能忘记我们爱的人?"观影结束后则可以围绕这些元素展开讨论,引导孩子表达自己的观点和感受。比如讨论米格在追求梦想的过程中遇到的困难和他的坚持,让孩子思考自己的梦想以及如何面对困难。

(3) 深度探讨

引导孩子分析电影中的哲学主题、人物行为及其背后的原因,培养他们的批判性思维能力。例如可以讨论电影中关于生命意义、人际关系、道德选择等主题的问题，让孩子思考并表达自己的看法和见解。比如看完《地球脉动》后，和孩子探讨人类活动对地球生态的影响，以及我们应该如何保护地球，让孩子明白每个人都有责任保护我们的家园。通过这样的深度探讨不仅可以加深孩子对电影内容的理解，还可以帮助他们形成更加成熟和深刻的世界观和价值观。

六、家庭亲子阅读坊的实践效果与评估

1. 实践案例的收集与分析

为了深入评估家庭亲子阅读坊在儿童哲学教育中的实践效果，本研究广泛搜集了多个家庭亲子阅读坊的实际运作案例。这些案例来自不同的家庭，涵盖了各种年龄段的孩子，从而确保了研究的广泛性和代表性。

在案例收集过程中，我们重点关注了家庭亲子阅读坊如何促进孩子的思维能力发展和道德观念培育。通过与家长和孩子的深入交流，以及观察阅读坊的具体活动，我们获得了大量宝贵的第一手资料。

在分析这些案例时，我们采用了定性和定量相结合的研究方法。通过对家长的访谈记录、孩子的阅读笔记以及阅读坊的活动日志进行详细的文本分析，我们得以深入了解家庭亲子阅读坊的实际运作情况和其对孩子的具体影响。同时，我们还利用问卷调查和心理测试等方式，对孩子的思维能力和道德观念进行了量化评估。

我们精心选取了不同年级的家庭教育案例，并进行了全面、深入的分析。家长利用周末时间组织家庭辩论会，围绕"儿童是否应该带手机上学"这一话题展开辩论。在辩论过程中，孩子需要收集资料、整理观点、组织语言，这不仅培养了孩子的独立思考能力和批判性思维，还让他们学会了如何在观点冲突中尊重他人、理性表达自己的观点。一位小学低年级阶段的家长，为了培养孩子的独立思考和表达能力，组织了一场关于"是否应该养宠物"的家庭辩论会。孩子被分配到支持养宠物的一方，在准备辩论的过程

中,孩子积极查阅资料,了解宠物对人类的陪伴作用、养宠物需要承担的责任等方面的知识。在辩论会上,孩子虽然表达略显稚嫩,但能够清晰地阐述自己的观点,如宠物可以给家庭带来欢乐、培养人的爱心和责任感等。通过这次辩论会,孩子不仅对养宠物这一问题有了更全面的认识,还学会了如何收集和整理信息、如何有条理地表达自己的想法,思维能力得到了显著提升。初中阶段的一个家庭,选择观看电影《千与千寻》作为哲学教育的契机。观看结束后,家长与孩子一起讨论电影中的主题,如成长、勇气、贪婪与善良等。孩子对千寻在异世界中的成长历程感触颇深,意识到成长过程中会面临各种困难和诱惑,需要有勇气去面对和抵制。通过对电影的深入讨论,孩子对人性的复杂性有了更深刻的认识,开始思考自己在成长过程中的选择和价值观。这次观影和讨论活动不仅提升了孩子的审美能力,更重要的是培养了孩子的批判性思维和对人生意义的初步探索。

研究结果显示,家庭亲子阅读坊在促进孩子思维能力发展方面取得了显著成效。在思维能力方面,孩子学会了运用辩证思维和逻辑推理的方法,从不同的角度审视问题,提出自己独特的见解和观点。他们不再局限于表面的现象,而是能够深入挖掘问题的本质和内在联系,思维的广度和深度都得到了显著的提升。例如,在面对"学习成绩是不是衡量学生优秀的唯一标准"这一问题时,孩子们能够从多个角度进行分析,如学习能力、品德修养、社交技能等,认识到事物的多面性和复杂性。同时,逻辑推理能力也得到了锻炼。在解决问题时,能够有条不紊地分析问题的因果关系,提出合理的解决方案。这种思维能力的提升不仅有助于他们在学校的学习,更对未来的生活和工作产生积极的影响。在道德观念方面,孩子逐渐形成了正确的道德认知和价值判断,懂得尊重他人的权利和尊严,诚实守信,勇于承担自己的责任。他们在日常生活中能够自觉遵守道德规范,关心他人的需要,表现出良好的道德品质和社会责任感。在面对道德困境时,如"发现同学作弊是否应该报告老师",他们能够基于正义、诚实和友谊等价值观进行思考,做出符合道德规范的选择。此外,孩子对社会公平、关爱他人、保护环境等道德议题也有了更深入的理解和关注,逐渐培养起社会责任感和公民意识,成为有道德、有担当的社会成员。在家庭氛围方面,由于家长与孩子之间的交流和互动更加频繁、深入、有效,家庭氛围变得更加和谐、融洽、温馨。家庭成员之间相互理解、相互支持、相互尊重,形成了一个积极向上、充满正能量的家庭环境。家长不再仅仅是权威的教导者,而是与孩子一起探讨、共同成长的伙伴。这种平等、尊重的交流方式增进了亲子之间的信任和理解,使家庭氛围更加和谐融洽。孩子在这样的家庭环境中感受到爱与支持,更加愿意与家长分享自己的想法和感受,形成了良好的互动循环,进一步促进了家庭关系的稳固和发展。此外,孩子的阅读兴趣也得到了极大的激发,阅读能力和思考能力得到了进一步的提升。他们不再满足于简单的故事和娱乐性的书籍,开始主动探索具有思想深度和哲学内涵的作品。在阅读过程中,孩子的阅读理解能力也得到了显著提升,能够理解复杂的文本结构和抽象的概念。阅读的拓展也丰富了孩子的知识储备,为他们的思维发展和语言表达提供了坚实的基础。

2. 研究结论与展望

(1) 结论

① 证实了家庭亲子阅读坊作为一种新兴的儿童哲学教育方式,其在提升孩子的思维能力和塑造道德观念方面具有显著效果。通过亲子共读、讨论与交流以及道德观念的培育与实践,孩子们不仅提高了对哲学问题的敏感性和理解力,还学会了从不同角度审视问题,锻炼了批判性思维。这一发现对于推动儿童全面发展具有重要意义,也为家庭教育注入了新的活力。

② 强调了家庭亲子阅读坊构建过程中家长的精心策划与实施的重要性。从阅读空间的选择与布置,到绘本的挑选与分类,再到阅读计划的制订与实施,每一个环节都需要家长的悉心考虑和付出。只有这样,才能确保家庭亲子阅读坊的实践效果达到最大化,为孩子的成长提供有力的支持。这

一结论为家长们提供了宝贵的参考,帮助他们更好地承担起教育孩子的责任。

③ 在家庭教育领域提出了新的视角和方法,为推动儿童哲学教育的普及和发展作出了积极贡献。通过深入挖掘家庭亲子阅读坊的潜力,并将其与儿童哲学教育紧密结合,本研究为家长们提供了一种既有趣又有效的教育方式。这不仅有助于提升家庭教育的质量,还能在一定程度上弥补学校教育的不足,为孩子们打造一个更加全面、多元的成长环境。

(2)展望

本研究虽然取得了一定的成果,深入探索了家庭亲子阅读坊在儿童哲学教育中的应用,并验证了其有效性,但仍存在一些不足之处和未涉及的领域,这也为未来的研究提供了方向和空间。

本研究主要集中在家庭亲子阅读坊的构建与实施上,对于不同家庭背景、文化环境以及孩子个性差异对家庭亲子阅读坊效果的影响,尚未进行深入研究。未来,可以进一步探讨这些因素如何与家庭亲子阅读坊的成效相互作用,以便为更多家庭提供个性化的指导。

虽然本研究中涉及了绘本的挑选与分类,但对于不同年龄段、不同性别的孩子,如何更精准地选择适合的绘本资源,以及如何利用多媒体和数字技术丰富绘本的表现形式,都是值得进一步探讨的问题。这些研究将有助于提升孩子们的阅读体验和哲学思考深度。再者,家庭亲子阅读坊的实践活动中,家长的参与程度和引导方式对孩子的哲学思维发展有着重要影响。本研究虽然对此有所触及,但尚未深入。未来研究可以进一步关注家长在亲子阅读过程中的角色定位、行为策略以及与孩子互动的模式,以期找到更好的亲子阅读方式。

随着社会的快速发展和教育理念的不断更新,儿童哲学教育也将面临新的挑战和机遇。如何结合新兴的教育理念和技术手段,创新家庭亲子阅读坊的形式和内容,以适应新时代儿童的发展需求,也是未来研究的重要课题。

  需要指出的是，本研究主要基于问卷调查、观察和访谈等方法收集数据，这些方法虽然具有一定的客观性和准确性，但仍可能受到主观因素的影响。未来研究可以考虑采用更多元化的数据收集和分析方法，以提高研究的信度和效度。

  家庭亲子阅读坊在儿童哲学教育中的应用是一个值得持续关注和深入研究的领域。通过不断探索和实践，我们有望为孩子提供更加全面、个性化的哲学教育方案，促进他们的全面发展。

第六章

儿童哲学教育的实践成效评估

第六章　儿童哲学教育的实践成效评估

本章全面评估上海市三灶学校实施儿童哲学教育以来，在学生"三观"养成教育方面的实践成效。通过深入分析学校在教育实践中的具体举措、学生的反馈以及教育效果的量化数据，力求展现儿童哲学教育对学生"三观"养成的积极影响和显著成效。

一、评估背景、目的和方法

1. 评估背景

上海市三灶学校自引入儿童哲学教育以来，始终将其融入日常教学和家庭教育中，通过多样化的教学方法和活动形式，引导学生在哲学对话、讨论和反思中提升思维能力、道德观念和情感智慧。具体而言，学校通过设计专门的儿童哲学课程、融合国家课程和校本课程、举办各类主题活动以及家校合作等方式，全方位推进儿童哲学教育的实践。本章通过深入评估上海市三灶学校的儿童哲学教育实践，进一步探讨儿童哲学教育在中国文化背景下的适应性和发展潜力，这对于推动儿童哲学教育的本土化创新，以及促进不同学校之间儿童哲学教育的交流与合作都具有重要意义。

2. 评估目的和方法

对上海市三灶学校儿童哲学教育实践成效的评估，其核心目的在于全面而深入地了解该校在儿童哲学教育方面的实际效果，即学生通过儿童哲学教育后，在三观养成、思维能力以及道德观念上是否有所提升和改善。通过这一评估，我们期望能够为学校提供有针对性的具体的改进建议，从而推动儿童哲学教育的持续优化与发展。

为实现上述评估目的，评估综合采用了多种评估方法，以确保评估结果的全面性和准确性。首先，通过问卷调查的方式，我们广泛收集了学生、家长及教师对于儿童哲学教育实践成效的感知和看法。问卷调查的设计涵盖了多个维度，包括学生的认知发展、情感态度、道德观念以及教师在教学过程中的体验与挑战等。这种量化的数据收集方式有助于我们更客观地分析儿童哲学教育的实际效果。

我们也进行了深入的访谈，以获取更具体、更生动的一手资料。访谈对象包括学校管理者、任课教师以及部分学生代表。通过与他们的深入交流，我们得以更深入地了解儿童哲学教育在实践中的具体运作方式，以及各方对于这一教育模式的真实态度和期望。

课堂观察也是我们采用的重要评估方法之一。通过实地观摩课堂教学，我们得以直观地了解教师的教学方式、学生的学习状态以及课堂氛围等关键因素。这种现场观察的方式有助于我们更全面地把握儿童哲学教育的实际运作情况，并从中发现可能存在的问题和改进空间。

我们还对学生作品进行了详细的分析。通过分析学生的体验表、课堂讨论记录等作品，我们可以更深入地了解学生的思考过程、价值观念以及他们在哲学学习中的成长与变化。这种分析方法不仅有助于我们了解学生的个体差异，还能为优化教学内容和方法提供有力的依据。

我们通过综合运用问卷调查、访谈、课堂观察以及学生作品分析等多种评估方法，对上海市三灶学校的儿童哲学教育实践成效进行了全面而深入的评估。这些评估方法各有侧重，相互补充，共同构成了科学、严谨的评估体系。通过这一评估，我们不仅深入了解了该校儿童哲学教育的实际效果，还为进一步优化该教育模式提供了有力的实证依据和改进建议。

二、实践举措回顾

1. 儿童哲学课程设置

上海市三灶学校在儿童哲学教育的实践中，高度重视课程的设置与实施。学校深知儿童哲学教育对于学生们全面发展的重要性，因此在设计课程时，充分汲取了儿童哲学教育的基本理念，将其融入每一节课的教学内容中。

课程内容的设计上，三灶学校力求全面而深入。课程不仅涵盖了道德、价值、人生等哲学领域的基础知识,更通过生动有趣的故事、案例,引导学生们对深刻的哲学问题进行初步的探索和思考。学校认识到,儿童哲学教育不仅是传授知识,更重要的是培养学生们的独立思考能力和批判性思维。

在教学活动的设计上,学校同样尽心尽力。教师团队精心策划了各种互动性强、学生参与度高的教学活动,如小组讨论、角色扮演、辩论赛等,旨在通过这些活动激发学生们对哲学的兴趣,锻炼他们的思维能力和表达能力。这些活动的设置,不仅让学生们在课堂上更加活跃,也让他们在轻松愉快的氛围中学会了如何与他人沟通、如何表达自己的观点。

三灶学校还非常注重理论与实践的结合。学校鼓励学生们将课堂上学到的哲学知识应用到日常生活中去,通过实践来加深对知识的理解。例如,在探讨了"友谊"这一哲学主题后,教师会引导学生们在日常生活中去观察、去思考如何与朋友相处,从而培养他们的人际交往能力和道德观念。

三灶学校的儿童哲学课程并不是孤立的。学校将这门课程与其他学科进行了有机融合,使得学生们在学习哲学的同时也能够提升其他学科的知识和能力。这种跨学科的学习方式,不仅增强了课程的趣味性和实用性,也让学生们的综合素质得到了全面的提升。

上海市三灶学校的儿童哲学课程设置充分体现了学校对学生们全面发展的重视和关怀。通过精心设计的课程内容和丰富多彩的教学活动,学校不仅给学生传授了哲学知识,更培养了他们的思维能力、道德观念和人际交往能力,为学生们的未来成长奠定了坚实的基础。

2. **教学方法与活动形式**

在实施儿童哲学教育的过程中,上海市三灶学校始终秉承"启智尚美,文武兼修"的办学理念,积极探索并实践了多元化的教学方法与活动形式。这些方法突破了传统教学的束缚,为学生营造了一个更加开放、互动的学习环境,从而有效激发了学生的学习兴趣,提高了他们的思维活跃度。

在课堂教学活动中,教师运用小组讨论的形式,鼓励学生围绕哲学主题展开深入探讨。这种教学方式不仅锻炼了学生的口头表达能力，还促进了他们之间的思想碰撞与观点交流。通过小组讨论，学生学会了倾听他人的意见，学会了辩证地看待问题，从而培养了团队协作精神和批判性思维能力。

角色扮演是另一种深受学生喜爱的教学活动。在角色扮演中，学生需要站在不同的角度去思考问题，模拟不同身份的人物进行对话和交流。这种教学方式帮助学生更好地理解哲学概念，将抽象的哲学原理转化为生动的生活场景，从而加深了对哲学知识的理解和应用。

案例分析也是学校常用的一种教学方法。教师精心挑选与哲学相关的案例，引导学生进行分析和讨论。通过分析案例，学生学会了如何运用哲学原理去解决实际问题，提高了问题解决能力和实践应用能力。

上海市三灶学校还非常注重将儿童哲学教育与社会实践相结合。学校积极组织学生参与各种社会实践活动和志愿服务，让学生在亲身体验中感受哲学的力量。在社会实践中，学生不仅锻炼了自己的实践能力，还加深了对社会责任和道德观念的理解，从而培养了社会责任感和公民意识。

上海市三灶学校通过采用多元化的教学方法与活动形式，成功地为儿童哲学教育注入了新的活力。这些教学方法既丰富了学生的学习体验，又有效提升了他们的思维能力和道德观念，为培养全面发展的人才奠定了坚实基础。

3. 家校合作与社区资源

上海市三灶学校在儿童哲学教育的实践中，深刻理解到家校合作与社区资源的重要性，并积极将这两者融入教育过程中。学校认为，儿童哲学教育不仅仅是学校的责任，更是家庭和社会的共同使命。因此，学校致力于与家长和社区建立紧密的合作关系，共同为学生们营造一个充满哲学思考的环境。

为了提升家长对儿童哲学教育的认知，上海市三灶学校定期举办家长讲座和培训活动。这些活动不仅为家长提供了了解儿童哲学教育理念和方法的机会，还帮助他们更好地配合学校的教育工作。通过这些讲座和培训，家长们逐渐认识到儿童哲学教育对于孩子全面发展的重要性，并学会了如何在日常生活中引导孩子进行哲学思考。

学校也积极利用社区资源，为儿童哲学教育注入新的活力。社区中蕴含着丰富的文化、历史和社会资源，这些都是宝贵的哲学教育素材。学校通过与社区合作，组织学生参观上海野生动物园、清美集团等校企共建实践基地，参与社区公益服务等活动，让学生在亲身体验中感受哲学的魅力。这些活动不仅拓宽了学生的视野，还培养了他们的社会责任感和公民意识。

家校合作与社区资源的整合，为上海市三灶学校的儿童哲学教育提供了有力的支持。这种合作模式不仅促进了学校与家长、社区之间的良性互动，还为学生们创造了一个更加广阔的哲学思考空间。在这种环境下，学生们能够更自由地探索世界、追求真理，从而形成独立的思考能力和健全的道德观念。

三、实践成效评估方法

1. 问卷调查的设计与实施

为了深入探究上海市三灶学校儿童哲学教育的实践成效，我们设计了针对学生、教师和家长的问卷调查。问卷调查作为社会科学研究中常用的一种数据收集方法，能够有效地收集到大量真实、客观的数据，为后续的数据分析提供有力支持。

在问卷设计过程中，我们充分考虑了不同调查对象的特点和需求，以确保问卷的科学性和针对性。针对学生的问卷，我们着重了解了他们对儿童哲学课程内容的理解程度、课堂参与的积极性以及学习满意度等方面的情况。通过这些问题，我们能够直观地了解到学生在儿童哲学教育过程中的学习体验和收获。

针对教师的问卷,我们则主要收集了他们对教学方法的评价、教学效果的感知以及对儿童哲学教育实施过程的建议和意见。教师是教育实践的实施者,他们的反馈对于优化教学方法、提升教育质量具有重要意义。因此,在问卷设计中,我们充分尊重了教师的专业性和实践经验,以期获得更加真实、有价值的反馈。

我们还针对家长设计了问卷,以期了解他们对儿童哲学教育的认知程度、对学校教育工作的支持度以及对孩子在哲学教育方面成长的期待。家长是孩子学习的重要伙伴,他们的态度和支持对于学校教育的顺利开展至关重要。通过家长的反馈,我们能够更加全面地了解儿童哲学教育在家庭教育中的延伸和影响。

在问卷调查的实施过程中,我们严格遵循了科学的研究方法和程序。首先,我们进行了小范围的预调查,以检验问卷设计的合理性和可行性。随后,在正式调查中,我们采用了匿名填写的方式,以消除调查对象的顾虑,确保数据的真实性和客观性。同时,我们还对调查数据进行了严格的审核和整理,以确保数据的准确性和可靠性。

通过本次问卷调查,我们收集到了大量宝贵的数据和信息,为后续的数据分析和研究结论的得出奠定了坚实的基础。我们相信,这些数据将为我们深入了解上海市三灶学校儿童哲学教育的实践成效提供有力的支持。

2. 访谈与课堂观察的实施

在访谈方面,我们精心挑选了具有代表性的学生、一线教师以及学校领导进行深度交流。学生代表们普遍表示,通过儿童哲学课程的学习,他们的思维变得更加开阔,对人生和道德问题有了更深入的思考。他们喜欢故事讨论和角色扮演等教学活动,认为这些活动不仅有趣,还能帮助他们更好地理解和掌握哲学知识。

教师们则对儿童哲学教育的实践成效给予了高度评价。他们认为,儿童哲学课程不仅提高了学生的思考能力和道德观念,还促进了学生之间的交流与合作。同时,教师们也提出了一些宝贵的建议,如进一步优化课程内容、加强师资培训等,以期提高儿童哲学教育的质量和效果。

学校领导对儿童哲学教育的实践表示全力支持,并认为这是学校教育改革的重要方向之一。他们表示,将继续加大投入,为儿童哲学教育提供更好的资源和平台。

在课堂观察方面,我们深入课堂,实地观察了教学过程和学生表现。通过观察,我们发现儿童哲学课堂氛围活跃,学生参与度高。教师们能够熟练运用各种教学方法,引导学生积极参与讨论和思考。学生们在课堂上表现出浓厚的兴趣,积极发言,争相表达自己的观点和想法。这种积极互动的课堂氛围,无疑对学生哲学素养和思维能力的提升起到了积极的推动作用。

通过访谈和课堂观察,我们深入了解了上海市三灶学校儿童哲学教育的实践成效。各方面反馈均表明,儿童哲学教育在该校得到了有效的实施和推广,取得了显著的成效。这不仅为学生全面发展提供了有力支持,也为学校教育改革注入了新的活力。

3. 学生作品分析

学生作品是反映学生学习成果和思考深度的重要窗口,尤其是在儿童哲学教育中,学生的作品更能体现出他们对哲学问题的理解和探索。因此,我们对上海市三灶学校学生在儿童哲学课程学习过程中产出的作品进行了深入分析。

我们收集了学生的反馈表、课堂讨论记录表等多种形式的作品。在反馈表中,学生们就诸如"正义与公平""自由与责任"等哲学主题进行了深入的阐述。他们不仅引用了经典哲学家的观点,还结合了自己的生活经验和观察,提出了独到的见解,展现了自己在儿童哲学教育中的思维深度和广度,以及运用哲学思考解决问题的能力。

我们还分析了学生参与课堂讨论的记录。在这些讨论中,学生们就各种哲学问题展开了激烈的辩论,他们不仅能够有理有据地表达自己的观点,还能尊重并倾听他人的意见。这些讨论记录充分展示了学生们在儿童哲学教育中培养的批判性思维能力和沟通协作能力。

通过对学生作品的深入分析,我们发现上海市三灶学校的儿童哲学教育在培养学生的思维能力、表达能力和审美能力方面取得了显著的成效。学生们在儿童哲学课程中不仅学到了知识,更重要的是学会了如何思考、如何表达自己的观点,并培养了对美和真理的追求。这些成果充分证明了儿童哲学教育的价值和意义,也为今后进一步优化和完善儿童哲学教育提供了有力的实证支持。

四、实践成效评估结果

1. 学生"三观"养成的成效分析

在上海市三灶学校的儿童哲学教育实践中,学生"三观"的养成被视为教育的核心目标之一。通过深入的哲学讨论与多样化的活动,学生们逐渐构建了独特而富有深度的世界观、人生观和价值观。

世界观方面,儿童哲学教育引导学生们从宏观的角度审视世界,理解事物的相互联系和影响。在课程中,学生们通过探讨诸如"我们如何认识世界""世界的本源是什么"等哲学问题,逐渐认识到世界的复杂性和多元性,从而形成了开放、包容的世界观。这种世界观的形成,使学生们能够更加理性地看待不同文化、不同观念之间的差异,为培养他们的国际视野和跨文化交流能力奠定了基础。

在人生观方面,上海市三灶学校的儿童哲学教育注重引导学生思考生命的意义和价值。通过讨论"什么是幸福""人生的目标是什么"等议题,学生们开始深入思考自己的生命追求和价值观。他们逐渐认识到,人生的价值并非仅在于物质的追求,更在于精神的富足和对社会的贡献。这种人生观的确立,激发了学生们追求更高境界的内在动力,使他们在面对人生挑战时能够保持积极向上的态度。

价值观方面,儿童哲学教育强调道德判断和价值选择的重要性。在课程中,学生们通过角色扮演、情境模拟等方式,体验不同道德情境下的价值冲突与选择。他们学会了如何权衡利弊、明辨是非,并逐渐形成了符合社会主流价值观的道德观念。这种价值观的形成,不仅提升了学生们的道德素养,也为他们未来成为有责任感、有担当的公民奠定了基础。

值得关注的是,学生们在"三观"养成的过程中,还展现出对社会问题的关注和对社会实践的积极参与。他们开始主动关注社会热点问题,思考如何通过自己的努力为社会做出贡献。在学校的组织下,学生们积极参与各类社会实践活动,如环保行动、公益志愿服务等,将所学哲学理念转化为实际行动。

2. 学生思维能力与道德观念的提升

儿童哲学教育在上海市三灶学校的实践中,不仅深入课堂教学的每一个环节,更在无形中熏陶着学生的思维方式与道德观念。通过丰富多样的教学活动,如小组讨论、角色扮演等,学生被鼓励去主动思考、表达自己的观点,并与他人进行理性的交流与辩论。这种教育方式的有效性,在学生思维能力与道德观念的提升上得到了显著的体现。

在思维能力的培养方面,儿童哲学教育特别注重激发学生的好奇心与探究欲。通过引导学生对哲学问题深入思考,他们逐渐学会了如何从不同角度审视问题,如何透过现象看本质,以及如何运用逻辑推理来形成自己的观点。这种思维方式的训练,不仅探索了学生的思考深度,拓宽了学生们的思考广度,更为他们未来面对复杂多变的社会环境打下了坚实的基础。

儿童哲学教育在道德观念的提升方面也发挥着不可替代的作用。通过讨论与反思,学生开始更加关注自身的行为准则与价值观,明确了自己在社会中的责任与角色。他们学会了如何尊重他人、理解差异,并在实践中不断践行这些道德准则。这种道德观念的内化与提升,无疑对于学生的全面发展与社会的和谐进步具有重要意义。

上海市三灶学校在儿童哲学教育的实践中还特别强调了社会实践与志愿服务的重要性。通过参与各种社会实践活动,学生得以将所学的哲学理念与思维方式应用于实际生活中,进一步加深了对哲学问题的理解与认识。同时,志愿服务活动也让学生在帮助他人的过程中体验到了奉献与付出的喜悦,从而更加珍视与他人的关系,增强了社会责任感与公民意识。

3. 教育实践中存在的问题与改进建议

上海市三灶学校在儿童哲学教育的道路上,虽然取得了一定的实效成果,但在深入实践的过程中,也不可避免地暴露出一些问题。这些问题的存在,不仅影响了教育实践的进一步深化,也可能对学生的全面发展造成一定的制约。

部分学生在面对哲学问题时,表现出理解深度不足的情况。这可能是由于学生年龄较小,生活阅历有限,导致他们在思考某些抽象的哲学概念时存在一定的困难。虽然学校已经努力营造了开放、包容的讨论氛围,但仍有部分学生在参与讨论时积极性不高,他们可能害怕自己的观点被他人否定,或者缺乏自信去表达自己的想法。

从教师的角度来看,部分教师在儿童哲学教育方面的专业素养还有待提高。他们可能缺乏系统的哲学知识背景,或者在引导学生讨论时技巧不够娴熟,无法有效地激发学生的思考兴趣。另外有一些教师的教学方法也显得过于单一,缺乏创新,这可能会让学生感到枯燥乏味,从而影响教学效果。

为了解决上述问题,我们提出以下改进建议:

第一,学校应加强对学生的引导,帮助他们建立正确的哲学学习态度。教师可以通过具体的案例或生活实例,将抽象的哲学概念具体化,以便学生更好地理解和掌握。同时,教师还应鼓励学生勇于表达自己的想法,培养他们的自信心和批判性思维。

第二,学校应加大对教师的培训力度,提高他们的专业素养和教学水平。可以定期组织教师参加专业的哲学教育培训课程,或者邀请相关领域的专家来校举办讲座和交流。学校还可以利用集团办学的优势条件,与一中教育集团、宣桥学区的各兄弟学校建立教师之间的互助学习机制,让教师在相互学习和交流中不断提升自己。

第三,学校应进一步优化课程设置,丰富教学方法。可以根据学生的年龄特点和认知水平,设计更具针对性的哲学教育课程。积极引入多元化的教学方法,如情境教学、项目式学习等,以激发学生的学习兴趣和创造力。此外,学校还可以借助现代信息技术手段,如网络教学资源、教学软件等,辅助教学活动,提高教学效果。

上海市三灶学校在儿童哲学教育实践中虽然取得了一定的成效,但仍需不断努力和完善。通过加强学生的引导、提高教师的专业素养以及优化课程设置和丰富教学方法等措施,学校一定能够进一步提升儿童哲学教育的实践成效,为学生的全面发展奠定更加坚实的基础。

第七章

研究展望与未来方向

第七章 研究展望与未来方向

一、研究的局限性与未来展望

1. 研究的局限性

本项研究中,尽管我们努力探寻并取得了一定的成果,但不可否认,研究过程中仍暴露出诸多局限性与不足之处,亟待我们深入反思与剖析。

(1)就研究范围而言,我们将关注焦点集中于上海市三灶学校这一特定的教育环境与场域。然而,我国地域广袤,教育资源分布不均,各地学校所处的教育背景、文化氛围、师资力量、学生基础等方面均存在显著差异。仅以单一学校作为研究对象,显然无法全面、精准地代表和反映出全国范围内不同层级、不同类型学校的真实教育现状与实际需求。例如,东部沿海地区的学校可能拥有先进的教学设施和丰富的教育资源,而西部地区的学校可能面临师资短缺和教育资源匮乏的困境。城市学校的学生可能接触到更多元化的文化和信息,而农村学校的学生可能在这方面相对受限。这种地域与学校类型的局限性,使得本研究结论在推广与普适性方面受到了一定程度的制约与影响,难以广泛应用于各种教育环境和条件下的学校,从而在一定程度上削弱了研究成果对于多样化教育场景的指导意义与价值。

(2)在研究方法的运用上,本研究主要依赖问卷调查与访谈等定性研究手段来收集数据与信息。这些方法在深入挖掘受访者的主观感受、态度、观点以及经验等方面具有毋庸置疑的独特优势,能够为我们提供丰富、翔实且深入的研究资料与见解。然而,这些定性研究方法在数据的量化分析与精确性方面确实存在着一定的短板。例如,在问卷调查中,问题的设计和选项的设置往往受到研究者主观因素的影响。如果问题表述不够清晰、准确,或者选项涵盖范围不够全面,就可能导致受访者在理解和回答问题时产生偏差,从而影响数据的准确性和可靠性。此外,受访者在回答问题时可能会受到社会期望、个人情绪等因素的干扰,导致回答不够真实和客观。在访谈过程中,访谈者的个人风格、提问方式以及与受访者之间的关系等因素都可能对访谈结果产生影响。访谈者的语气、表情、肢体语言等都可能在不知不觉中引导受访者的回答方向。同时,受访者可能因为记忆模糊、个人偏见或者为了迎合访谈者而提供不准确的信息,从而导致数据的失真和偏差。

为了更加精确地评估儿童哲学教育的效果及其影响因素,未来的研究有必要在坚持定性研究方法的基础上,结合定量研究方法,如严谨设计的实验研究、准实验研究或大规模的调查研究等。通过这些方法,我们能够对研究变量进行精确的测量与控制,获取更为客观、精确且具有统计学意义的数据支持,从而更加科学、准确地揭示儿童哲学教育与学生"三观"养成之间的内在关系与作用机制。

(3) 实践研究在对儿童哲学教育长期效果的追踪与评估方面存在明显的不足。尽管我们在当前阶段初步探讨并分析了儿童哲学教育在学生"三观"养成教育中的即时效果与短期影响,但对于学生长期参与儿童哲学教育后的持续性变化、发展轨迹以及深远影响,尚未进行系统、深入的追踪与评估。比如,在短期内,我们可能观察到学生在思维活跃度、课堂参与度等方面有所提升,但对于他们在未来几年甚至更长时间内,如在进入更高学府或步入社会后的认知能力发展、价值观的稳定性、社会适应能力等方面的长期变化,我们缺乏持续的跟踪和深入的研究。由于缺乏长期的动态监测与跟踪研究,我们难以全面、深入地了解儿童哲学教育对学生认知发展、情感态度、价值观形成以及社会适应能力等方面的长期效果和深远影响,无法从发展的视角揭示儿童哲学教育在学生成长过程中的累积效应与潜在价值。

2. 未来展望

针对上述研究过程中所暴露的局限性与不足之处,我们对未来的相关研究提出了以下几个方面的展望与规划,以期为儿童哲学教育的深入研究与实践发展提供方向指引与策略建议。

(1) 扩大研究范围

未来的研究范围有必要进一步拓展与延伸,突破地域和学校类型的局限,广泛涵盖我国不同地区、不同层级、不同类型的学校,包括城市与农村学校、公立与民办学校、重点与普通学校等。通过对多样化教育环境和学校类型的深入研究与比较分析,我们能够更加全面、深入地了解儿童哲学教育在不同教育背景和资源条件下的实施现状、存在问题与发展需求,从而获取更具普遍性、代表性和推广价值的研究结论。例如,对城市重点学校和农村普通学校进行对比研究,我们可以发现城市重点学校可能在师资力量、教学设施等方面具有优势,能够开展更加多样化和深入的儿童哲学教育活动。而农村普通学校可能由于资源有限,在教学方法和课程设置上需要更加因地制宜。通过这样的比较,我们能够找出适合不同学校类型的儿童哲学教育模式。

同时,我们还可以开展跨文化、跨地域的比较研究,借鉴国际上先进的儿童哲学教育经验与模式,结合我国国情与教育实际,探索具有中国特色的儿童哲学教育发展路径与策略。比如,研究北欧国家在儿童哲学教育中如何培养学生的创造力和批判性思维,以及如何将这些经验与我国的传统文化和教育理念相结合,开发出适合我国学生的独特教育方法。

(2) 结合定量研究方法

在未来的研究中,我们应在继续运用问卷调查、访谈、观察、案例分析等定性研究方法的基础上,有机结合实验研究、准实验研究、大规模调查研究等定量研究方法,构建多元化、综合性的研究方法体系。例如,我们可以通过设计严格的实验研究,对儿童哲学教育的教学内容、教学方法、教学模式等进行干预与控制,精确测量不同教学变量对学生学习效果、思维能力、道德观念、价值观等方面的影响程度与作用机制。假设我们将学生分为实验组和对照组,实验组接受系统的儿童哲学教育课程,对照组则接受常规教育。在一段时间后,通过标准化的测试和评估工具,比较两组学生在逻辑思维能力、道德判断能力等方面的差异,从而明确儿童哲学教育的具体效果;通过开展大规模的调查研究,对不同地区、不同学校、不同年龄段学生的哲学素养、思维能力、道德发展水平、价值观取向等进行全面、系统的测评与分析,揭示儿童哲学教育在学生个体发展与群体发展中的共性与个性特征。比如,在全国范围内抽取大量样本,涵盖不同省份、城市和农村地区的学生,运用统一的测评量表和调查问卷,收集关于学生哲学素养和价值观的数据,然后进行统计分析,找出不同地域和年龄段学生的特点和差异;通过运用准实验研究,对不同教育方案、教学策略在实际教学情境中的应用效果进行比较与验证,筛选出最优化的儿童哲学教育模式与方法。比如,在两所条件相似的学校分别实施两种不同的儿童哲学教育方案,经过一段时间的教学实践后,比较学生在学习兴趣、思维能力提升等方面的表现,从而确定哪种方案更为有效。通过这些定量研究方法的运用,我们能够为儿童哲学教育的效果评估与质量提升提供更加精确、客观、科学的数据支持与理论依据。

(3) 进行长期追踪研究

为了更加全面、深入地了解儿童哲学教育的长期效果与持续影响,未来的研究需要开展纵向的长期追踪研究。我们可以选择一批具有代表性的学生样本,对他们从参与儿童哲学教育开始,直至进入中学、大学乃至步入社会后的发展变化进行长期、持续的跟踪监测与评估分析。通过定期收集学生的学习成绩、思维能力测评数据、道德行为表现、社会适应能力评估结果、职业发展状况等多维度的信息资料,我们能够动态地观察和分析儿童哲学教育对其在认知发展、情感态度、社会交往、职业选择等方面的长期影响与作用轨迹。假设我们跟踪一组从小学开始接受儿童哲学教育的学生,每隔几年对他们进行一次全面评估。在小学阶段,重点关注他们的思维活跃度和好奇心;在中学阶段,观察他们解决复杂问题的能力和对道德困境的判断;在大学阶段,了解他们的专业选择和学术研究能力;步入社会后,考察他们的职业发展和社会责任感。通过对比分析参与儿童哲学教育与未参与儿童哲学教育的学生群体在长期发展过程中的差异与变化,我们能够更加清晰地揭示儿童哲学教育的独特价值与潜在效能。比如,比较两组学生在大学毕业后的职业满意度、社会融入度以及对社会问题的关注度等方面的表现,从而突出儿童哲学教育对学生长期发展的积极影响。通过对长期追踪研究数据的深入挖掘与分析,我们能够总结提炼出儿童哲学教育的有效模式、策略与方法,为教育实践提供更加科学、实用的指导与建议。

(4)深化内在机制研究

深入探讨儿童哲学教育如何影响学生的"三观"发展,挖掘其背后的心理学、教育学原理,是未来研究的重要方向之一。我们需要综合运用心理学、教育学、哲学等多学科的理论与方法,从认知发展、情感体验、社会文化背景、个体差异等多个维度,深入探究儿童哲学教育对学生思维能力、道德观念、价值观形成等方面的影响机制与作用路径。例如,从认知发展的角度,研究儿童哲学教育如何促进学生的抽象思维、逻辑推理、批判性思维等高级认知能力的发展,通过认知心理学的实验和观察方法,我们可以测量学生在参与儿童哲学教育前后,在解决抽象问题、推理复杂逻辑关系、评估不同观点等方面的能力变化。从情感体验的角度,探讨儿童哲学教育如何激发学生的情感共鸣、道德情感、审美情趣等,从而影响学生的道德观念与价值观的形成。比如,分析学生在儿童哲学课堂上对道德故事、哲学议题的情感反应,以及这些情感体验如何转化为他们对道德行为的判断和价值观的塑造。从社会文化背景的角度,分析不同社会文化环境下儿童哲学教育的实施方式与效果差异,以及社会文化因素对学生"三观"发展的影响机制。研究不同民族、地域文化中对于哲学思考和道德观念的独特理解,以及这些文化元素如何影响儿童哲学教育的开展和学生的接受程度。从个体差异的角度,研究不同性别、年龄、性格、学习风格的学生在儿童哲学教育中的学习需求、参与程度与发展变化,为个性化教育提供理论支持。例如,观察不同性格类型的学生(如外向型和内向型)在小组讨论中的表现和收获,或者研究不同学习风格(如视觉型、听觉型、动觉型)的学生对不同教学方法的适应情况。通过对儿童哲学教育内在机制的深入研究,我们能够更加准确地把握儿童哲学教育的本质规律与发展趋势，为优化教育策略、提高教育质量提供坚实的理论基础与科学依据。

（5）探索创新教育模式

随着信息技术的飞速发展以及教育理念与方法的不断创新，未来的儿童哲学教育需要积极探索将大数据、人工智能、虚拟现实（VR）和增强现实（AR）等新技术引入教学实践的创新模式与方法。例如，利用大数据技术对学生的学习行为、思维过程、兴趣偏好等进行实时监测与分析，为个性化教学提供精准的数据支持。大数据可以收集学生在线上学习平台上的点击行为、停留时间、答题正确率等详细数据，通过分析这些数据，了解学生的学习习惯和偏好，为每个学生制定个性化的学习路径。运用人工智能技术开发智能教学助手、智能辅导系统等，为学生提供更加个性化、智能化的学习指导与反馈。比如，智能辅导系统可以根据学生的错误类型和学习进度，自动生成针对性的练习题和讲解视频，实时为学生提供帮助。借助 VR 和 AR 技术创设沉浸式的哲学学习情境，让学生身临其境地感受哲学问题的魅力与挑战，激发学生的学习兴趣与创新思维。例如，通过 VR 技术，学生仿佛置身于古希腊的哲学课堂，与苏格拉底等哲学家进行对话，亲身体验哲学思想的起源和发展。利用 AR 技术，在学生的现实环境中叠加虚拟的哲学元素，如在校园中展示哲学名言和思考提示，激发学生在日常生活中的哲学思考。此外，我们还可以探索基于互联网平台的在线教学、远程协作学习、混合式学习等新型教学模式，打破时间与空间的限制，实现优质教育资源的共享与传播，提高儿童哲学教育的普及程度与教学效果。通过在线教学平台，学生可以随时随地获取优质的儿童哲学课程；远程协作学习让不同地区的学生能够共同探讨哲学问题，拓宽思维视野；混合式学习则将线上学习与线下教学相结合，充分发挥各自的优势。通过这些创新教育模式的探索与应用，我们能够为儿童哲学教育注入新的活力与动力，推动其向更加高效、优质、个性化的方向发展。

二、儿童哲学教育的发展趋势

在当今全球化、信息化、多元化的时代背景下,儿童哲学教育在全球范围内正经历着深刻的变革与发展,呈现出多元化、创新化和个性化的发展趋势,这些趋势将对未来儿童哲学教育的理念、方法、内容与形式产生深远的影响。

1. 国际化视野

随着全球化进程的加速推进以及国际交流与合作的日益频繁,儿童哲学教育的国际化视野已成为未来发展的必然趋势。在全球化的时代背景下,各国之间的教育交流与合作不断加强,不同国家和地区的教育理念、教学方法、课程资源等相互借鉴与融合。儿童哲学教育作为培养学生思维能力、创新精神和全球视野的重要途径,也需要积极引入国际先进的教育理念和方法,加强与国际教育组织、学术机构以及其他国家和地区的教育同行之间的交流与合作。例如,我们可以借鉴法国的"儿童哲学工作坊"模式。在这种模式下,学生们在一个轻松自由的环境中,围绕特定的哲学主题展开小组讨论。教师作为引导者,鼓励学生们自由表达观点,互相倾听和辩论。这种模式注重培养学生们的批判性思维和合作交流能力。在这个过程中,学生们不仅能够锻炼自己的逻辑推理和语言表达能力,还能够学会尊重他人的观点,培养团队合作精神。比如,当讨论"友谊"这个主题时,学生们会从自己的经历出发,分享自己对友谊的理解和感受。有的学生可能会说友谊是一起玩耍,有的学生可能会认为友谊是在困难时互相帮助。在交流中,他们会发现不同的观点,然后通过讨论和辩论,逐渐形成更加全面和深入的理解。教师会在适当的时候提出引导性的问题,如"如果朋友做了错事,我们应该怎么办?",激发学生们进一步思考。

美国的"儿童哲学探究社区"模式也是值得借鉴的范例。在这个社区中,学生们可以自由地提出哲学问题,并与同学和教师一起探讨。社区提供丰富的哲学资源,包括书籍、影片、在线讨论平台等,激发学生们的好奇心和探索欲望。比如,学生们可能会对"公平"这个概念产生疑问,他们会在社区中发起讨论。通过阅读相关的书籍和观看影片,学生可以获取更多的信息和不同的观点。在线讨论平台让学生能够随时随地与同学交流想法,不断拓宽自己的思维边界。

结合我国国情和教育实际,进行本土化的创新与应用。比如,我们可以将中国传统文化中的哲学思想融入儿童哲学教育中,让学生们在了解西方哲学的同时,也能传承和发扬本国的优秀文化。中国传统文化蕴含着丰富的哲学智慧,如儒家的"仁爱"思想、道家的"无为而治"思想、墨家的"兼爱非攻"思想等。我们可以将这些思想与学生的日常生活相结合,引导他们思考如何在现代社会中践行这些价值观。比如,在讨论"关爱他人"时,可以引入儒家的"仁爱"思想,让学生们理解关爱不仅仅是表面的帮助,更是发自内心的尊重和理解。通过讲述古代的仁爱故事,如孔子的弟子子路救人后接受回报的故事,引导学生们思考在不同情况下如何做出恰当的关爱行为。

加强国际课程资源的引进与开发,将国际上优秀的儿童哲学教材、教学案例、教学软件等引入我国课堂,同时鼓励我国教育工作者开发具有国际视野和文化包容性的本土课程资源,为学生提供更加丰富、多元的学习素材和体验。例如,引进国际知名的儿童哲学教材,如《儿童哲学智慧书》系列,让学生接触到不同国家和文化背景下的哲学思考方式。同时,我国教育工作者可以根据我国的文化特色和教育需求,开发如《中国儿童哲学故事集》这样的本土教材,将中国传统故事与哲学思考相结合。

2. 跨学科融合

跨学科融合是当今教育领域的重要发展趋势之一,儿童哲学教育也不例外。在知识经济时代,学科之间的界限日益模糊,知识的综合运用能力和创新能力成为人才培养的核心目标。儿童哲学教育作为一门综合性、基础性的学科,具有与其他学科广泛融合的天然优势和内在需求。未来的儿童哲学教育将更加注重与语文、数学、科学、艺术、社会等其他学科的有机融合,打破学科壁垒,构建跨学科的知识体系和教学模式。例如,在语文教学中,可以引导学生通过对文学作品的哲学解读,培养批判性思维和审美情趣。当学生阅读经典文学作品如《小王子》时,教师可以引导他们思考其中蕴含的关于友谊、孤独、责任等哲学主题。比如,通过分析小王子与狐狸之间的友谊,让学生思考真正的友谊应该具备哪些特质。同时,让学生探讨小王子在不同星球的经历所反映出的人性的复杂性和生命的意义。

在数学教学中,可以通过探讨数学概念的本质、数学方法的哲学意义等,激发学生的逻辑思维和创新能力。比如,在学习几何图形时,引导学生思考为什么某些图形具有特定的性质,这背后反映了怎样的规律和秩序。在解决数学问题时,让学生思考不同解题方法所蕴含的思维方式和哲学原理,培养他们从不同角度思考问题的能力。

在科学教学中,可以引导学生思考科学发现背后的哲学原理、科学技术的伦理问题等,培养学生的科学精神和社会责任感。当学习进化论时,让学生探讨生命的多样性和适应性背后的哲学思考,以及人类在利用科学技术改造自然的过程中应该承担的责任和义务。例如,基因编辑技术的发展引发了一系列伦理问题,学生可以通过哲学思考来评估其潜在的影响和风险。

在艺术教学中,可以通过欣赏艺术作品、创作艺术作品等活动,引导学生从哲学的角度思考艺术的价值、意义和审美标准。比如,在欣赏凡·高的《星空》时,让学生思考艺术家如何通过色彩和笔触表达对宇宙和人生的感悟。在学生进行艺术创作时,引导他们思考作品所传达的情感和思想,以及艺术在人类精神生活中的作用。

在社会教学中,可以引导学生探讨社会现象背后的哲学问题、社会发展的规律和趋势等,培养学生的社会洞察力和分析问题的能力。例如,在讨论社会公平问题时,让学生思考公平的本质和实现公平的途径。通过分析不同社会制度下的公平状况,培养学生的批判性思维和对社会发展的前瞻性思考。

通过跨学科教学,我们能够为学生提供更加综合、全面的知识体系和学习体验,培养学生的综合素养和创新能力,使他们能够更好地适应未来社会的发展需求。

3. 个性化教学

随着教育技术的不断发展以及对学生个体差异的日益关注,个性化教学已成为未来教育发展的重要方向。儿童哲学教育作为一门关注学生思维发展和个性成长的学科,更加需要注重个性化教学。在未来的儿童哲学教育中,我们将充分利用大数据和人工智能技术,对学生的学习需求、学习风格、学习进度、学习能力等进行精准分析和评估,为每名学生制定个性化的学习计划和教学方案,为他们推送个性化的学习资源,如教学视频、学习文档、练习题、拓展阅读材料等,满足他们不同的学习需求。假设一名学生在线上学习平台上经常选择与逻辑推理相关的哲学问题进行探讨,并且在这类问题的回答中表现出色,而在涉及情感和价值观的问题上表现相对较弱。数据分析可以发现这名学生对逻辑思维的兴趣和优势,以及在情感理解方面的不足。此时,可以推送一些更具挑战性的逻辑推理练习和相关的哲学案例,帮助他进一步提升逻辑能力,同时推送一些关于情感哲学和人际关系的故事和文章,引导他加强这方面的思考。

通过智能辅导系统、在线答疑平台等,为学生提供实时、个性化的学习指导和反馈,帮助他们及时解决学习中遇到的问题,调整学习策略和方法。比如,当学生在学习过程中遇到困惑,向智能辅导系统提问时,系统能够根据学生的问题和之前的学习情况提供针对性的解答和建议。如果学生在某个哲学概念的理解上出现偏差,系统可以及时指出并提供正确的引导。利用 VR、AR 等技术,为学生创设个性化的学习情境,让他们在虚拟环境中进行沉浸式的学习体验,激发他们的学习兴趣和创新思维。例如,对于一个对古代哲学感兴趣的学生,可以通过 VR 技术让他"穿越"到古希腊的哲学课堂与苏格拉底等哲学家进行互动交流。对于一个喜欢探索自然哲学的学生,可以利用 AR 技术在他身处的自然环境中展示相关的哲学思考和提示。

通过这些个性化教学手段的应用,我们能够更好地满足学生的个性化学习需求,提高他们的学习效果和学习满意度,促进他们的个性发展和全面成长。

4. 实践导向

实践导向是儿童哲学教育的本质要求和价值追求。儿童哲学教育不仅仅是理论知识的传授,更重要的是培养学生运用哲学思维解决实际问题的能力和素养。未来的儿童哲学教育将更加注重实践导向,通过引导学生参与哲学对话、讨论和实践活动,让他们在真实情境中运用哲学原理和方法,培养他们的批判性思维、创新思维和道德意识。例如,我们可以组织学生开展哲学主题的社会调研活动,让他们深入社区、学校、家庭等场所,观察和分析社会现象背后的哲学问题,提出自己的见解和解决方案。比如,组织学生调研"垃圾分类"这一社会现象。学生们可以深入社区,观察居民的垃圾分类行为,了解垃圾分类政策的实施情况,通过与居民和相关工作人员的交流,思考其中涉及的公平、责任、环保等哲学问题。最后,学生们可以提出关于如何提高居民垃圾分类意识和改进垃圾分类政策的建议。

开展哲学辩论活动,让学生围绕一些具有争议性的哲学话题进行辩论,培养他们的逻辑思维和语言表达能力。例如,以"科技发展是否会导致人类的退化"为辩题,让学生分成正反两方进行辩论。在辩论过程中,学生需要收集资料、整理观点、组织语言,从而锻炼逻辑思维和表达能力,同时,通过倾听对方的观点,也能够拓宽自己的思维视野。

开展哲学实验活动,让学生通过实验探究的方式,验证哲学理论和观点,培养科学精神和实践能力。比如,设计一个关于"自由意志与决定论"的实验。让学生在特定的情境中做出选择,观察他们的行为,并分析这些行为是否支持自由意志的存在。通过这样的实验,学生能够更加深入地理解哲学理论,并培养科学探究的精神。

开展哲学项目化学习活动,让学生以小组合作的方式,完成一个与哲学相关的项目任务,如设计一个哲学主题的展览、编写一本哲学故事集、制作一个哲学主题的动画等,培养他们的团队合作精神和创新能力。例如,小组合作设计一个以"幸福的真谛"为主题的展览。学生们需要共同策划展览内容、选择展示形式、分工合作完成展品的制作。在这个过程中,他们不仅能够深入思考哲学问题,还能学会与他人合作,发挥自己的创新能力。

通过这些实践导向的教学方式,学生能够将哲学知识与实际生活紧密结合起来,提高综合素质和实践能力,成为具有实践智慧和社会责任感的人才。

三、对学生"三观"养成教育的长远影响

儿童哲学教育作为一种具有深远意义和价值的教育形式,对于学生的世界观、人生观和价值观("三观")养成教育具有不可忽视的长远影响,其意义和价值不仅体现在当下的教育实践中,更体现在学生未来的成长与发展过程中。

儿童哲学教育引导学生积极参与哲学对话和讨论,为他们提供了一个自由、开放、平等的思维空间和交流平台。在这个过程中,学生能够摆脱传统教育模式下的被动接受和机械记忆,学会主动思考、独立判断和自主探究。他们开始学会从不同的角度、立场和观点出发,对问题进行全面、深入、系统的分析和思考。比如,在讨论"什么是勇敢"这个话题时,学生们不再仅仅接受成人给予的定义,而是纷纷分享自己的想法。有的学生可能会说勇敢是面对困难不退缩,有的学生可能认为勇敢是敢于承认自己的错误。通过这样的交流,他们明白勇敢的定义不是唯一的,而是因人而异、因情境而异。这种思考方式让他们在面对未来的各种问题时,不再局限于单一的观点,而是能够多角度地去分析和理解。

学生学会运用逻辑推理、辩证思维、批判性思维等方法,对各种信息和观点进行筛选、整合、评价和创新。当面对关于"科技发展对人类生活是利

大于弊还是弊大于利"的问题讨论时,学生们不再简单地凭直觉或常见观点做出判断。他们会收集科技发展带来的便利,如医疗进步、通信便捷等方面的信息,同时也会思考科技发展导致的环境问题、人际关系淡漠等负面影响。然后,运用逻辑推理分析两者的因果关系,通过辨证思维权衡利弊的比重,以批判性思维审视已有的观点是否存在片面之处,并尝试提出新的见解。这种思维能力的锻炼使学生面对复杂的信息和观点时,能够更加理性、客观地进行分析和判断。

学生学会在尊重他人观点和意见的基础上,清晰、准确、自信地表达自己的观点和见解。比如在讨论"动物是否应该拥有和人类一样的权利"时,学生们可能会有不同的看法。有的学生认为动物应该享有与人类相似的权利,因为它们也能感受到痛苦和快乐;而另一些学生可能认为人类的需求更为重要。但在交流中,他们会认真倾听对方的理由,理解不同观点产生的背景和原因,同时以礼貌、清晰的语言阐述自己的观点。这种交流方式不仅培养了学生们的表达能力,更让他们懂得尊重他人的思考成果,为培养建立良好的人际关系和社会交往能力打下基础。这种批判性思维和独立思考能力的培养,将使学生在未来的学习和生活中更加自主、自信地面对各种挑战和问题,能够独立思考、理性判断、勇于创新,不断追求真理和智慧,为他们的终身学习和可持续发展奠定坚实的思维基础和能力保障。在未来的学习中,当遇到复杂的数学难题或难以理解的文学作品时,他们能够运用所学的思维方法,自主分析问题、寻找解决途径,而不是依赖教师或家长的直接指导。在生活中,面对诸如选择朋友、决定参加何种活动等问题时,他们能够理性地权衡利弊,做出符合自己内心且合理的选择。这种自主和自信的态度将伴随他们一生,使他们在不断变化的世界中始终保持积极探索和学习的热情。

儿童哲学教育通过深入探讨道德问题,引导学生对道德现象、道德原则、道德规范等进行思考、分析和评价,帮助他们在内心深处建立起一套积极向上、符合社会主流价值观念的道德认知体系和道德判断标准。例如,在讨论"诚实"这一道德品质时，学生们不仅会明白诚实意味着不说谎、不欺骗，还会思考在某些特殊情况下，如为了保护他人的感受而隐瞒部分真相，仍然属于诚实的范畴。他们会分析诚实带来的信任和良好人际关系，以及不诚实可能导致的后果，如失去朋友和他人的尊重。通过这样深入的思考，学生们对诚实的理解不再停留在表面，而是形成了更加全面和深刻的认知。在这个过程中，学生不仅能够了解道德的本质、价值和意义，掌握基本的道德规范和行为准则，更能够在面对复杂多变的道德情境时，运用自己的道德判断能力和道德选择能力，做出正确、合理、负责任的道德决策和行为选择。比如，当遇到同学考试作弊的情况，学生们会思考举报作弊行为是否会伤害同学之间的感情，不举报又是否违背了公平原则和诚实准则。经过思考，他们可能会选择以恰当的方式提醒同学作弊的错误，既维护了考试的公平，又尽量避免了对同学关系的伤害。

这种道德观念和行为习惯的培养，将使儿童在未来的社会生活中更加自觉地遵守社会公德、职业道德、家庭美德，更加尊重他人的权利和尊严，关心他人的幸福和利益，勇于承担社会责任和义务，成为具有高度社会责任感、道德使命感和公民意识的社会成员，为构建和谐、文明、美好的社会秩序和社会环境贡献自己的力量。

在未来步入社会后，无论是在公共场合遵守秩序、爱护环境，还是在工作中坚守职业操守、诚实守信，学生都会以良好的道德素养展现自己的行为。在家庭中，他们会尊重长辈、关爱家人，积极承担家庭责任。在社会中，当别人面临挑战或需要帮助时，他们会毫不犹豫地挺身而出，为解决问题贡献自己的一份力量。

儿童哲学教育通过潜移默化的方式，引导学生对世界、人生、价值等基本哲学问题进行思考和探索，帮助他们在成长过程中逐步树立起正确的世界观、人生观和价值观。比如，当学生们思考"世界是如何形成的"这个问题时，他们可能会从神话传说、科学理论等多个角度去寻找答案，从而了解到人类对世界认识的不断发展和演化。这不仅让他们对世界的本质有了初步的认识,也培养了他们对未知的好奇心和探索精神。在思考"人生的意义是什么"时,学生们可能会从个人的快乐、对他人的帮助、对社会的贡献等不同方面来寻找答案。有的学生可能认为人生的意义在于追求自己的梦想,实现个人价值;有的学生可能觉得在于与家人和朋友共度美好时光,传递爱与温暖;还有的学生可能认为在于为社会做出积极的改变,让世界变得更美好。通过这样的思考,学生们开始明确自己的人生方向,树立起积极向上、乐观进取、勇于奋斗的人生观念。学生们学会从价值的本质、价值的判断、价值的选择等角度去思考和认识事物的价值属性和价值关系,树立起正确的价值取向和价值标准,形成科学、合理、健康的价值观念。比如,在面对"物质财富和精神财富哪个更重要"的问题时,学生们会思考物质财富能够带来生活舒适和欲望满足,同时也会思考精神财富如知识、情感、信仰等所带来的内心的充实和满足。通过比较和权衡,他们会明白精神财富的持久和不可替代,从而树立起更注重精神追求的价值观念。

这种正确的世界观、人生观和价值观的树立,将使学生对世界、人生和价值有更加全面、深入、准确的认识和理解,能够在未来的人生道路上保持坚定的信念、明确的方向、高尚的情操和强大的动力,为实现自己的人生理想和人生价值,为推动社会的进步和发展,为创造人类的幸福和美好未来,不断努力奋斗,做出自己应有的贡献。

在面对挫折和困难时,学生会坚信世界是充满希望和机遇的,不会轻易放弃自己的理想。在人生的选择面前,他们会根据自己的价值观做出符合内心的决定,不被外界的诱惑和压力所左右。在追求个人发展的同时,他们也会关注社会的需求,积极参与公益活动,为改善社会环境、促进社会公平正义贡献自己的力量。

附 录

附录一：学生调查问卷

一年级学生"三观"养成教育现状调查问卷（学生卷）

姓名（可选）：　　　　班级（可选）：

一、学习环境

1. 你觉得在学校最开心的事情是什么？比如和小伙伴一起玩耍、得到老师的表扬，或是学到了新知识。

2. 有没有什么事情让你感到不太舒服？比如排队时间太长、教室太吵闹，或者其他方面。

3. 你喜欢学校的教室布置吗？为什么？

4. 你希望学校的操场有更多好玩的设施吗？如果有，是什么？

二、自我认知

1. 你觉得自己做得好的事情有哪些？是能自己穿衣服、认真听老师讲课，还是帮助了同学？

2. 当你遇到困难时，通常怎么做？是马上找老师帮忙、自己努力尝试解决，还是哭鼻子？

3. 你觉得自己在画画（或者其他具体活动）方面有进步吗？进步在哪里？

4. 如果让你给自己一个笑脸或者哭脸，你会选哪个？为什么？

三、家庭影响

1. 你和家人一起做什么活动？比如看动画片、逛公园，或者一起做饭。

2. 你认为家人教会你最重要的事情是什么？是要勇敢、有礼貌，还是要分享？

3. 当你在学校表现好,家人会怎么奖励你?

4. 家人会陪你一起完成作业吗?你喜欢这样吗?

四、基础道德观念

1. 你认为好孩子应该是怎样的?是听话、不哭不闹,还是要帮助别人?

2. 你在学校学到了哪些关于分享和礼貌的知识?能给我们举个例子吗?

3. 如果有小朋友抢了你的玩具,你会怎么做?

4. 见到老师和长辈,你会主动打招呼吗?

五、开放性问题

1. 你希望在学校学到什么新东西?

2. 你有没有什么话想对老师或者爸爸妈妈说?

二年级学生"三观"养成教育现状调查问卷(学生卷)

姓名(可选)：　　　　班级(可选)：

一、学习环境

1. 你对现在的老师和同学感觉怎么样？比如喜欢、不喜欢，或者有些害怕。

2. 你认为学校可以增加哪些活动？是手工课、足球比赛，还是故事演讲？

3. 你觉得学校的图书馆怎么样？书够多吗？环境好不好？

4. 你希望学校的食堂能提供更多什么样的食物？

二、自我认知

1. 你最喜欢自己的哪些方面？是跑得快、唱歌好听，还是会讲很多故事？

2. 你在学校学到了哪些新技能？比如跳绳能跳很多个、会写更多的字。

3. 你觉得自己比一年级的时候进步了吗？进步在哪些方面？

4. 如果让你在班级里表演一个节目，你会表演什么？

三、家庭影响

1. 你和家人一起解决过哪些问题？比如迷路了怎么办、东西坏了怎么修。

2. 你认为家人如何帮助你学习？是陪你做作业、给你买学习资料，还是鼓励你？

3. 家人会带你去博物馆或者科技馆吗？你觉得有趣吗？

4. 当你考得不好时，家人会怎么说？

四、道德行为理解

1. 你认为为什么要帮助别人？是会让别人开心、自己也会快乐，还是老师要求的？

2. 你如何与不同性格的同学相处？比如活泼的同学和安静的同学。

3. 如果同学不小心弄坏了你的东西，你会怎么做？

4. 在公共场合，你知道要遵守哪些规则吗？

五、开放性问题

1. 你对学校有哪些建议？

2. 你最近在学校里最开心的一天是哪一天？为什么？

附 录

三年级学生"三观"养成教育现状调查问卷(学生卷)

姓名(可选):　　　　　班级(可选):

一、学习环境

1. 你对学校的课程有哪些看法?比如哪些课程很有趣、哪些课程有点难。

2. 你认为学校可以如何改进?比如增加课外活动时间、更换教室的设备。

3. 你觉得学校的社团活动丰富吗?你参加了吗?

4. 你希望学校组织什么样的校外活动?

二、自我认知

1. 你在学校最喜欢的科目是什么?为什么喜欢?

2. 你如何面对学习中的挑战?比如多请教老师、自己多练习。

3. 你觉得自己在团队合作中表现怎么样?

4. 如果让你当一天班长,你会怎么做?

三、家庭影响

1. 你和家人一起参与过哪些有意义的活动?比如义卖、志愿者活动。

2. 你认为家人在教育你时做得好的地方是什么?是有耐心、教你做人的道理,还是给你很多自由?

3. 家人会和你讨论你的梦想吗?他们会支持吗?

4. 当你和家人意见不同时,怎么解决?

四、社会责任感

1. 你认为作为一个好学生应该具备哪些品质?比如诚实、勤奋、有爱心。

2. 你如何理解团队合作？能举例说明吗？

3. 如果看到地上有垃圾，你会捡起来吗？为什么？

4. 你知道怎么节约用水用电吗？

五、开放性问题

1. 你希望在哪些方面得到更多的帮助？

2. 如果你有机会改变学校的一件事情，你会改变什么？

四年级学生"三观"养成教育现状调查问卷(学生卷)

姓名(可选)： 　　　　班级(可选)：

一、学习环境

1. 你对学校的哪些方面感到满意或不满意？比如老师的教学方法、校园的卫生环境等。

2. 你认为学校可以如何帮助学生更好地学习？比如提供更多的辅导资料、组织学习小组。

3. 你觉得学校的实验室设备齐全吗？你经常去使用吗？

4. 你希望学校增加哪些兴趣小组？

二、自我认知

1. 你认为自己的长处和短处是什么？比如数学好但英语不好、体育好但不爱阅读。

2. 你在学校遇到问题时通常如何解决？是自己思考、找同学帮忙，还是告诉老师？

3. 你觉得自己在组织活动方面有能力吗？

4. 如果让你组织一次班级活动，你会怎么安排？

三、家庭影响

1. 你和家人讨论过哪些重要的话题？比如未来的职业规划、家庭的财务规划。

2. 你从家人那里学到了哪些生活智慧？比如如何理财、如何与人相处。

3. 家人会关注你的学习进度吗？他们的方式你喜欢吗？

4. 当你在学校受了委屈，会和家人说吗？

四、价值观形成

1. 你认为什么是对的,什么是错的？比如考试作弊是错的,帮助同学是对的。

2. 你如何决定自己应该做什么？是根据自己的想法、家人的建议,还是老师的要求？

3. 如果看到有人欺负弱小,你会怎么做？

4. 你知道怎么尊重不同文化和习俗吗？

五、开放性问题

1. 你希望学校如何支持你的个人成长？

2. 你觉得四年级和三年级相比,最大的不同是什么？

五年级学生"三观"养成教育现状调查问卷(学生卷)

姓名(可选)：　　　　班级(可选)：

一、学习环境

1. 你感觉学校的哪些教学方法有效,哪些不太有效？比如讲解式、讨论式、实践式。

2. 你认为学校可以如何提供更多的学习资源？比如增加在线学习平台、购买更多的图书。

3. 你觉得学校的多媒体设备对你的学习有帮助吗？

4. 你希望学校举办哪些学科竞赛？

二、自我认知

1. 你在学校最自豪的成就是什么？比如考试得了高分、在比赛中获奖。

2. 你如何评估自己的学习进步？是看成绩、看老师的评价,还是凭自己的感觉？

3. 你觉得自己在解决问题方面有什么独特的方法？

4. 如果让你给低年级的同学分享学习经验,你会说什么？

三、家庭影响

1. 你和家人一起制定过哪些家庭规则？比如按时睡觉、做完作业才能玩。

2. 你如何参与家庭决策？比如去哪里旅游、买什么样的家具。

3. 家人对你的交友有什么建议？你认同吗？

4. 当你和家人发生冲突,通常怎么解决?

四、道德判断

1. 当你看到不公平的事情发生时,你会怎么做?比如向老师报告、自己去制止。

2. 你认为如何成为一个有责任感的人?能具体说一说吗?

3. 如果有人抄袭你的作业,你会怎么处理?

4. 你知道怎么保护自己的隐私吗?

五、开放性问题

1. 你希望学校在哪些方面进行改进?

2. 你觉得五年的小学生活,给你带来的最大收获是什么?

附　录

六年级学生"三观"养成教育现状调查问卷(学生卷)

姓名(可选)：　　　　班级(可选)：

一、学习环境

1. 你对即将面临的初中生活有何期待或担忧？比如课程更难、作业更多。

2. 你认为学校应该如何帮助你更好地过渡到初中？比如开设衔接课程、组织参观初中学校。

3. 你觉得学校的毕业典礼应该怎么举办？

4. 你希望学校在毕业前为你们组织哪些纪念活动？

二、自我认知

1. 你对自己的未来有何规划？比如想上哪所初中、长大后想做什么。

2. 你如何平衡学习与兴趣爱好？比如安排好时间、优先完成作业。

3. 你觉得自己在自主学习方面做得怎么样？

4. 如果让你制订一个一周的学习计划，你会怎么安排？

三、家庭影响

1. 你和家人如何一起规划你的未来？比如选择学校、考虑兴趣班。

2. 你从家庭中学到了哪些重要的生活技能？比如做饭、洗衣服。

3. 家人对你的零花钱管理有什么要求？你能做到吗？

4. 当你有心事，会第一时间和家人说吗？

四、价值观和信念

1. 你认为一个成功的人应该具备哪些品质？比如坚持不懈、有创新精神。

2. 你如何坚持自己的信念？比如遇到困难不放弃、不被别人的意见所左右。

  3. 如果你的朋友做了不好的事情，你会劝他改正吗？怎么劝？

  4. 你知道怎么树立正确的消费观念吗？

  五、开放性问题

  1. 你希望学校如何帮助你形成正确的"三观"？

  2. 回顾小学五年和预初班一年，你最难忘的一件事是什么？

七年级学生"三观"养成教育现状调查问卷(学生卷)

姓名(可选)：　　　　班级(可选)：

一、学习环境

1. 你对初中生活的哪些方面感到适应或不适应？比如课程进度、老师的教学风格等。

2. 你认为学校可以如何改善学习环境？比如增加绿化、改善教室照明等。

3. 你觉得学校的图书馆和实验室的开放时间合理吗？

4. 你希望学校增加哪些文体活动？

二、自我认知

1. 你认为自己的优势和需要改进的地方是什么？比如擅长文科但理科薄弱、沟通能力强但自律性差。

2. 你如何设定并实现自己的学习目标？比如分阶段、制订计划。

3. 你觉得自己在处理人际关系方面怎么样？

4. 如果让你组织一次班级聚会，你会考虑哪些因素？

三、家庭影响

1. 你和家人如何沟通你的学习和生活问题？比如定期开会、随时交流。

2. 你从家庭中学到了哪些关于责任和尊重的知识？比如照顾家人、尊重长辈的意见。

3. 家人对你使用电子产品有什么规定？你遵守得如何？

4. 当你在学校取得好成绩，家人会怎么奖励你？

四、社会意识

1. 你如何看待社会中的不同角色和职业？比如医生、警察、清洁工等。

2. 你认为青少年应该如何参与社会服务？比如做志愿者、宣传环保等。

3. 如果看到有人在公共场所吸烟，你会怎么做？

4. 你知道怎么维护自己的合法权益吗？

五、开放性问题

1. 你希望学校在"三观"养成教育中提供哪些支持？

2. 你觉得初中和小学最大的区别在哪里？

八年级学生"三观"养成教育现状调查问卷(学生卷)

姓名(可选)：　　　　　班级(可选)：

一、学习环境

1. 你对学校提供的学习资源和支持有何看法？比如教材、辅导资料、老师的辅导等。

2. 你认为学校可以如何帮助学生发展个人兴趣？比如开设更多兴趣小组、举办才艺展示等。

3. 你觉得学校的社团活动组织得怎么样？有什么建议？

4. 你希望学校邀请哪些专家或名人来校讲座？

二、自我认知

1. 你如何认识自己的个性和特点？比如性格开朗、内向，或者有领导力。

2. 你如何评估自己的学习态度和方法？比如是否主动学习、方法是否有效。

3. 你觉得自己在应对压力方面的能力如何？

4. 如果让你给学弟学妹分享学习和生活经验，你会重点说什么？

三、家庭影响

1. 你和家人在教育观念上有哪些共识或分歧？比如关于课外补习、选择专业等。

2. 你如何将家庭价值观与学校教育相结合？比如诚实、勤奋。

3. 家人对你的交友圈有什么看法？你怎么看待？

4. 当你和家人意见不一致时，通常通过什么方式达成妥协？

四、道德意识和法律意识

1. 你如何看待法律和社会规则？比如它们的重要性、如何遵守等。

2. 你认为青少年应该如何培养良好的道德习惯？比如诚实守信、尊重他人等。

3. 如果发现身边的同学有违法行为，你会怎么做？

4. 你知道怎么预防网络诈骗吗？

五、开放性问题

1. 你希望学校如何进一步促进你的全面发展？

2. 你觉得八年级的学习对你未来的发展有什么重要意义？

九年级学生"三观"养成教育现状调查问卷(学生卷)

姓名(可选)： 　　　　班级(可选)：

一、学习环境

1. 你对学校为准备进入高中或职业生涯提供的支持满意吗？比如职业规划课程、升学指导等。

2. 你认为学校可以如何帮助学生更好地规划未来？比如组织参观企业、开展职业体验。

3. 你觉得学校的心理辅导服务对你有帮助吗？

4. 你希望学校在毕业前为你们提供哪些就业或升学信息？

二、自我认知

1. 你对自己的未来有何期待？比如考上理想的高中、从事喜欢的职业。

2. 你如何准备迎接高中或工作的挑战？比如提前预习、提高自身能力。

3. 你觉得自己在时间管理方面做得怎么样？

4. 如果让你给学校的发展提建议，你会说什么？

三、家庭影响

1. 你和家人如何一起准备你未来的教育或职业道路？比如选择学校、考虑专业。

2. 你从家庭中学到了哪些关于职业和生活的重要课程？比如职业选择的重要性、生活的不易。

3. 家人对你的未来期望是什么？你怎么看待？

4. 当你面临重大决策时，家人会给你怎样的支持？

四、价值观和人生观

1. 你认为成功的定义是什么？比如实现梦想、拥有财富、家庭幸福等。

2. 你如何看待个人成就与社会责任？比如先实现个人成就再回报社会，或是两者兼顾。

3. 如果有机会参加公益活动，你会选择哪种？为什么？

4. 你知道怎么在竞争中保持良好的心态吗？

五、开放性问题

1. 你希望学校在"三观"养成教育中如何更好地满足学生需求？

2. 回顾初中四年，你最想感谢的人是谁？为什么？

附录二：学生访谈纲要

一年级学生"三观"养成教育访谈纲要(学生卷)

一、学习环境

1. 能和我讲讲在学校里最让你开心的事情吗？

2. 学校里有没有什么事情让你觉得不太好呀？

3. 你喜欢咱们的教室布置吗？为什么这么觉得呢？

4. 你希望学校操场有什么好玩的新设施呀？

二、自我认知

1. 你觉得自己做过哪些很棒的事情呢？

2. 要是碰到困难了，你一般会怎么做呀？

3. 你觉得自己画画有没有比以前厉害呀？厉害在哪里？

4. 要是让你给自己选个笑脸或者哭脸，你会选什么？能和我说说原因吗？

三、家庭影响

1. 能和老师说说你和家人一起都开展过哪些好玩的活动吗？

2. 你觉得家人教会你最重要的事是什么？

3. 你在学校表现好的时候，家人会怎么奖励你呀？

4. 家人会陪着你一起写作业吗？你喜欢他们陪吗？

四、基础道德观念

1. 你觉得什么样的孩子是好孩子呢？

2. 在学校里，老师有没有教过你要分享东西、要有礼貌呀？能给老师举个例子吗？

3. 要是有小朋友抢了你的玩具，你打算怎么办？

4. 见到老师和长辈,你会主动打招呼吗?

五、开放性问题

1. 你还希望在学校里学到什么好玩的新东西呀?
2. 有没有什么想和老师或者爸爸妈妈说的心里话?

二年级学生"三观"养成教育访谈纲要(学生卷)

一、学习环境
1. 能和老师说一说你对现在的老师和同学的感觉吗?
2. 你觉得学校可以多搞些什么活动呀?
3. 你觉得学校的图书馆怎么样呢?
4. 你希望学校食堂能多做些什么样的好吃的?

二、自我认知
1. 你最喜欢自己的哪一点呀?
2. 在学校里,你学会了什么新的本事?
3. 你觉得自己和一年级的时候比,有哪些进步呢?
4. 要是让你在班上表演节目,你准备表演什么?

三、家庭影响
1. 能和老师讲讲你和家人一起解决过什么问题吗?
2. 你觉得家人是怎么帮你学习的呀?
3. 家人带你去过博物馆或者科技馆吗?感觉怎么样?
4. 要是你考试没考好,家人会和你说什么吗?

四、道德行为理解
1. 为什么你觉得要帮助别人呢?
2. 你是怎么和不同性格的同学相处的呀?
3. 同学不小心弄坏了你的东西,你会如何处理?
4. 在公共场合,你知道要守哪些规矩吗?

五、开放性问题
1. 你对学校有什么想法或者建议吗?
2. 最近在学校里,哪一天是你最开心的呀?为什么呢?

三年级学生"三观"养成教育访谈纲要(学生卷)

一、学习环境

1. 你觉得学校的课程怎么样呀?哪些课有趣,哪些课有点难?
2. 你觉得学校可以怎么变得更好呀?
3. 学校的社团活动多不多,你参加了没?
4. 你希望学校组织什么样的校外活动呢?

二、自我认知

1. 你在学校最喜欢哪门课,为什么喜欢呀?
2. 学习中碰到难题,你都是如何解决的?
3. 你觉得自己在团队合作中表现得好不好?
4. 要是让你当一天班长,你会怎么做呢?

三、家庭影响

1. 你和家人一起参加过什么有意义的活动呀?
2. 你觉得家人教育你的时候,哪些地方做得特别好?
3. 家人会和你一起讨论你的梦想吗?他们会支持吗?
4. 你和家人意见不一样的时候,一般怎么解决?

四、社会责任感

1. 你觉得好学生都应该有哪些好品质?
2. 能给老师讲讲你理解的团队合作吗?有没有例子?
3. 看到地上有垃圾,你会捡起来吗?为什么?
4. 你知道如何节约用水用电吗?

五、开放性问题

1. 你希望在哪方面能得到更多帮助呀?
2. 要是能改变学校的一件事,你想改变什么?

四年级学生"三观"养成教育访谈纲要(学生卷)

一、学习环境
1. 你对学校的哪些地方满意,哪些地方不满意呀?
2. 你觉得学校可以怎么帮大家学得更好?
3. 学校的实验室设备全不全,你经常去用吗?
4. 你希望学校能多些什么样的兴趣小组?

二、自我认知
1. 你觉得自己的优点和不足都有什么?
2. 在学校碰到问题,你一般怎么解决呀?
3. 你觉得自己组织活动的能力如何?
4. 要是让你组织一次班级活动,你会如何安排?

三、家庭影响
1. 你和家人都讨论过哪些重要的事儿?
2. 从家人那里,你学到了什么生活的智慧?
3. 家人会关心你的学习进度吗?他们的方式你喜欢吗?
4. 在学校受委屈了,你会跟家人说吗?

四、价值观形成
1. 你觉得什么是对的,什么是错的呀?
2. 你决定做一件事的时候,是听自己的、听家人的,还是听老师的?
3. 看到有人欺负弱小,你会怎么做?
4. 你知道怎么尊重不同的文化和习俗吗?

五、开放性问题
1. 你希望学校怎么支持你长大?
2. 你觉得四年级和三年级相比,最大的不一样是什么?

五年级学生"三观"养成教育访谈纲要(学生卷)

一、学习环境

1. 学校的哪些教学方法你觉得有用,哪些没用呀?
2. 你觉得学校可以怎么给大家提供更多的学习资源?
3. 学校的多媒体设备对你学习有帮助吗?
4. 你希望学校举办什么学科竞赛?

二、自我认知

1. 在学校,你最骄傲的成就是什么?
2. 你怎么看自己学习有没有进步呀?
3. 你有什么特别的解决问题的办法吗?
4. 要是让你给低年级的同学分享学习经验,你会说什么?

三、家庭影响

1. 你和家人一起定过什么家庭规矩?
2. 你怎么参与家里的决定呀?比如去哪旅游、买什么家具。
3. 家人对你交朋友有什么建议?你同意吗?
4. 你和家人闹矛盾了,一般如何解决?

四、道德判断

1. 看到不公平的事,你会怎么做?
2. 你觉得怎么做才能成为一个有责任感的人?
3. 要是有人抄你的作业,你如何处理?
4. 你知道怎么保护自己的隐私吗?

五、开放性问题

1. 你希望学校在哪方面改进?
2. 五年的小学时光,你觉得最大的收获是什么?

六年级学生"三观"养成教育访谈纲要(学生卷)

一、学习环境

1. 马上要上初中啦,你对初中生活有什么期待或者担心吗?
2. 你觉得学校怎么做能帮你更好地过渡到初中?
3. 你希望学校的毕业典礼是什么样的?
4. 毕业前,你希望学校组织什么纪念活动?

二、自我认知

1. 你对自己的未来有什么打算?比如上哪个初中,长大了干什么。
2. 你怎么平衡学习和自己的兴趣爱好呀?
3. 你觉得自己自主学习做得如何?
4. 要是让你定个一周的学习计划,你会如何制订?

三、家庭影响

1. 你怎么和家人一起规划你的未来呀?比如选学校、报兴趣班。
2. 从家里,你学会了什么重要的生活技能?
3. 家人对你零花钱如何管理?你能做到吗?
4. 你有心事了,会马上和家人说吗?

四、价值观和信念

1. 你觉得成功的人都有什么样的品质?
2. 你是怎么坚持自己想法的?
3. 要是朋友做了不好的事,你会劝他吗?如何劝?
4. 你知道如何树立正确的消费观吗?

五、开放性问题

1. 你希望学校怎么帮你养成正确的"三观"?
2. 回想小学五年和预初班一年,哪件事让你最难忘?

七年级学生"三观"养成教育访谈纲要(学生卷)

一、学习环境

1. 初中生活里,哪些方面你觉得适应,哪些不适应?
2. 你觉得学校可以怎么把学习环境弄得更好?
3. 你觉得学校图书馆和实验室的开放时间合适吗?
4. 你希望学校多搞些什么文体活动?

二、自我认知

1. 你觉得自己的长处和短处是什么?
2. 你怎么给自己定学习目标,又怎么实现呢?
3. 你觉得自己处理人际关系的本事如何?
4. 要是让你组织班级聚会,你会考虑什么?

三、家庭影响

1. 你和家人是如何谈论你的学习和生活的?
2. 从家里,你学到了什么关于责任和尊重的东西?
3. 家人对你使用电子产品有什么规定,你遵守得好吗?
4. 在学校考好了,家人会如何奖励你?

四、社会意识

1. 你怎么看社会上的各种职业?比如医生、警察、清洁工。
2. 你觉得青少年可以如何参加社会服务?
3. 看到有人在公共场合抽烟,你会如何处理?
4. 你知道怎么保护自己的合法权益吗?

五、开放性问题

1. 你希望学校在"三观"教育上给你什么支持?
2. 你觉得初中和小学最大的差别是什么?

八年级学生"三观"养成教育访谈纲要(学生卷)

一、学习环境

1. 你对学校给的学习资源和支持有什么想法？
2. 你觉得学校可以如何帮大家发展兴趣？
3. 学校的社团活动办得怎么样，你有什么建议？
4. 你希望学校请什么专家或者名人来讲座？

二、自我认知

1. 你觉得自己是个什么样性格的人？
2. 你怎么看自己的学习态度和方法？
3. 你觉得自己应对压力的本事如何？
4. 要是让你给学弟学妹分享经验，你会重点说什么？

三、家庭影响

1. 你和家人在教育上有什么一样和不一样的想法？比如课外补习、选专业。
2. 你怎么把家里教的和学校学的结合起来？
3. 家人对你交的朋友有什么看法，你如何想？
4. 你和家人意见不一样的时候，如何处理？

四、道德和法律意识

1. 你怎么看法律和社会规则？
2. 你觉得青少年应该如何养成好的道德习惯？
3. 要是发现同学违法，你会如何处理？
4. 你知道如何防网络诈骗吗？

五、开放性问题

1. 你希望学校如何让你发展得更全面？
2. 你觉得八年级的学习对你以后有什么重要意义？

九年级学生"三观"养成教育访谈纲要(学生卷)

一、学习环境

1. 你对学校给准备进入高中或者工作的支持满意吗?
2. 你觉得学校可以如何帮大家规划未来?
3. 学校的心理辅导对你有帮助吗?
4. 毕业前,你希望学校给你提供什么就业或者升学的信息?

二、自我认知

1. 你对自己的未来有什么期望?
2. 你准备如何迎接高中或者工作的挑战?
3. 你觉得自己时间管理做得怎样?
4. 要是让你给学校提建议,你会说什么?

三、家庭影响

1. 你如何和家人一起准备你未来的路?比如选学校、挑专业。
2. 从家里,你学到了什么关于职业和生活的重要东西?
3. 家人对你未来有什么期望,你如何看待?
4. 碰到重要决定,家人会给你什么支持?

四、价值观和人生观

1. 你觉得什么是成功?
2. 你如何看待个人成就和社会责任的关系?
3. 有机会参加公益活动,你会选什么?为什么?
4. 你知道如何在竞争中保持好心态吗?

五、开放性问题

1. 你希望学校在"三观"教育中如何更好地满足你的需要?
2. 回顾初中四年,你最想谢谢谁?为什么?

附录三：家长调查问卷

一年级学生"三观"养成教育现状调查问卷（家长卷）

1. 您在家中通过何种具体方式（例如讲故事、亲身示范等）向孩子介绍基本的道德规范（如诚实、礼貌等）？您觉得这些方式的效果如何？

2. 您是否会定期给孩子讲述关于诚实和礼貌的故事？频率大概是怎样的？

3. 当您亲身示范这些道德规范时，比如在与他人交流中保持礼貌，孩子的反应是怎样的？

4. 您觉得通过这些方式，孩子对诚实和礼貌的理解达到了什么程度？有没有具体的事例可以说明？

5. 您观察到孩子在学校学习到的行为习惯（如整理书包、排队、尊重老师等）有哪些？这些习惯在日常生活中的表现频率如何？

6. 孩子在学校学会整理书包，回到家后是否能够坚持独立完成？

7. 孩子在排队时，是否能理解并遵守先来后到的原则，在日常生活中的其他场景（如购物结账）中是否也能如此？

8. 孩子在家中提及老师时的态度和言语如何体现出对老师的尊重？

9. 您认为一年级学生在哪些方面（如与他人分享、遵守纪律等）最需要道德教育？您认为造成这种需求的原因是什么？

10. 您是否发现孩子在与小伙伴玩耍时，不太愿意分享自己的玩具或零食？为什么您觉得这方面的教育很重要？

11. 当孩子在公共场所（如公园、商场）出现不遵守纪律的行为时，您认为主要原因是什么？

12. 您觉得一年级学生在适应学校的纪律要求方面可能会遇到哪些困难？

二年级学生"三观"养成教育现状调查问卷（家长卷）

1. 您孩子在与同龄人交往中展现出哪些具体的社交技能（如主动打招呼、倾听他人、表达自己的想法等）？您是如何发现和培养这些技能的？

2. 孩子在与新朋友初次见面时，主动打招呼的方式和表现是怎样的？

3. 当其他孩子在讲述事情时，您观察到孩子倾听的专注程度如何？有没有打断别人的情况？

4. 您是通过鼓励孩子参加集体活动，还是日常的家庭交流，来培养其表达想法的能力？

5. 您在家中是如何通过实际的活动或场景帮助孩子理解和实践分享与合作（例如一起做手工、分配家务等）的？在这个过程中，孩子的反应和表现是怎样的？

6. 在一起做手工时，您是如何引导孩子与您共同分享材料和工具的？

7. 分配家务时，孩子对于承担的任务是欣然接受还是有所抵触？完成任务的质量如何？

8. 孩子在参与这些活动时，有没有提出过关于分享与合作的疑问或想法？

9. 您认为学校在培养孩子合作精神方面可以如何加强（比如增加小组活动的多样性、提供更多合作的机会等）？您希望学校采取哪些具体的措施？

10. 您觉得学校目前的小组活动在形式和内容上可以怎样改进，以更好地培养合作精神？

11. 除了课堂上的小组活动外，您认为学校在课外活动或校园生活的其他方面可以如何提供更多合作的机会？

12. 您希望学校为促进孩子的合作精神建立怎样的评价和激励机制？

三年级学生"三观"养成教育现状调查问卷(家长卷)

1. 您在家中通过哪些具体的活动或话语帮助孩子建立积极的自我形象(例如鼓励孩子尝试新事物、肯定孩子的努力和进步等)?孩子对此的接受和反应如何?

2. 当您鼓励孩子尝试新的运动项目或艺术活动时,孩子的初始态度和后续的参与热情怎样?

3. 对于孩子在学习或生活中取得的小进步,您是如何具体地肯定和表扬的?孩子的表情和回应是怎样的?

4. 孩子在接受您的鼓励和肯定后,在行为或心态上有没有明显的积极变化?

5. 您观察到孩子在学校中自尊心的表现(如主动发言、积极参与活动、害怕失败等)有哪些?这些表现对孩子的学习和生活产生了怎样的影响?

6. 孩子主动发言时的声音大小、表情神态如何反映其自尊心状态?

7. 在参与学校组织的竞赛类活动时,孩子对于可能的失败表现出怎样的担忧或态度?

8. 自尊心的不同表现是如何影响孩子与同学之间的互动和合作的?

9. 您认为学校可以如何进一步支持孩子的自我认知发展(比如开展个性化的评价、组织更多自我展示的活动等)?您觉得这样做的意义和价值在哪里?

10. 您希望学校的个性化评价涵盖哪些方面(如性格特点、兴趣爱好等)?

11. 对于学校组织的自我展示活动,您认为可以包括哪些形式(如演讲比赛、才艺表演等)?

12. 您觉得这些举措对孩子建立自信、明确自身优势和不足有怎样的重要作用?

儿童哲学助力学生"三观"养成教育的实践探究

四年级学生"三观"养成教育现状调查问卷(家长卷)

1. 您在家中是如何明确地教育孩子承担家庭和学校中的责任(如完成作业、照顾宠物、遵守校规等)的?您采取了哪些方法来监督和引导孩子?

2. 对于完成作业这一责任,您是如何设定规则和监督机制的(比如规定完成时间、检查作业质量)?

3. 在孩子照顾宠物的过程中,您是如何逐步让孩子承担更多的照顾任务并确保其完成的?

4. 当孩子违反校规时,您是怎样与孩子沟通并引导其认识到错误的?

5. 您观察到孩子在自律方面(如控制电子产品使用时间、按时完成任务等)有哪些进步或挑战?您认为这些进步或挑战的原因是什么?

6. 孩子在控制电子产品使用时间上,是能够自觉遵守约定还是需要您多次提醒?

7. 当孩子面临多项任务需要按时完成时(如假期作业和课外兴趣班作业),其时间管理和任务分配能力如何?

8. 您觉得孩子在自律方面的进步是由于自身意识的提高还是外部监督的加强?面临的挑战又主要源于哪些因素(如外界诱惑、任务难度等)?

9. 您认为学校在培养孩子自律能力方面可以采取哪些更具体有效的措施(比如设置自律奖励机制、开展自律主题的班会等)?您对这些措施的可行性有什么看法?

10. 对于学校设置的自律奖励机制(如自律之星评选),您认为具体的奖励形式应该是什么(奖状、奖品还是其他)?

11. 在自律主题的班会上,您希望涵盖哪些内容(如自律的重要性、自律的方法分享)?

12. 您认为这些措施在实施过程中可能会遇到哪些困难,学校应该如何应对?

五年级学生"三观"养成教育现状调查问卷(家长卷)

1. 您在家中是如何通过具体的事例与孩子深入讨论公平和正义的概念(例如分配资源、处理纠纷等)的?孩子的理解和观点是怎样的?

2. 在家庭中分配零食或娱乐时间时,您是如何引导孩子思考公平分配的原则的?

3. 当孩子与兄弟姐妹发生纠纷时,您是如何通过解决纠纷的过程来传递公平和正义的观念的?孩子对此的理解和接受程度如何?

4. 孩子对于社会上一些不公平的现象(如贫富差距、教育资源不均衡)有什么看法和疑问?

5. 您观察到孩子在日常生活中(如与兄弟姐妹相处、参与游戏活动等)如何实践公平原则?有没有出现过与公平原则相违背的情况,您是如何处理的?

6. 在与兄弟姐妹共同完成一项任务(如打扫房间)时,孩子对于任务分配和成果评价是否有公平的诉求?

7. 参与游戏活动时,如果出现规则争议,孩子是如何主张公平的?

8. 当孩子在某些情况下没有遵循公平原则(如在游戏中作弊),您是怎样教育和引导孩子认识错误并改正的?

9. 您认为学校如何加强学生对正义感的培养(比如开展法律知识讲座、组织模拟法庭等)?您觉得这样的活动对孩子会有怎样的帮助?

10. 对于学校开展的法律知识讲座,您希望涵盖哪些具体的法律内容(如未成年人保护法、消费者权益保护法等)?

11. 组织模拟法庭时,您认为什么样的案例更适合五年级的学生,能够更好地激发他们的正义感?

12. 您觉得通过这些活动,孩子在是非判断、维护自身权益和尊重他人权益方面会有怎样的提升?

六年级学生"三观"养成教育现状调查问卷(家长卷)

1. 您在家中通过哪些途径(如观看新闻、参与社区活动等)培养孩子对社会问题的认识和关心?孩子对这些社会问题的看法和态度是怎样的?

2. 在观看新闻时,您会和孩子一起讨论哪些类型的社会新闻(如环保、教育、医疗等)?

3. 参与社区活动(如垃圾分类宣传、关爱孤寡老人等)时,孩子的参与积极性如何?

4. 孩子对于一些热点社会问题(如网络暴力、校园欺凌等)有什么独特的见解和感受?

5. 您孩子参与过哪些具体的社会服务或公益活动(如志愿者活动、环保行动等)?孩子在这些活动中的收获和成长有哪些?

6. 孩子在志愿者活动中(如为贫困地区儿童捐赠书籍等)承担了怎样的具体任务?

7. 参与环保行动(如植树造林、节约能源宣传等)时,孩子对于环境保护的认识有了哪些深化?

8. 您认为这些社会服务和公益活动对孩子的团队协作能力、社会责任感的培养起到了怎样的作用?

9. 您认为学校可以如何提高学生的社会参与度(比如与社区合作开展实践项目、建立社会参与的激励机制等)?您对学校的这些举措有什么期待?

10. 对于学校与社区合作开展的实践项目,您希望涉及哪些领域(如文化传承、科技创新等)?

11. 您认为学校建立的社会参与激励机制应该包括哪些方面(如荣誉证书、综合素质评价加分等)?

12. 您期待学校通过提高学生的社会参与度,在培养学生的社会适应能力、创新精神方面取得哪些具体的成果?

七年级学生"三观"养成教育现状调查问卷（家长卷）

1. 您在家中通过哪些方法（如鼓励孩子提出疑问、引导孩子分析问题等）帮助孩子发展批判性思维？孩子在这个过程中的表现和进步如何？

2. 当孩子对您的观点或家庭决策提出疑问时，您是如何回应和引导的？

3. 您会给孩子提供一些具有争议性的话题（如电子游戏对青少年的影响等），让其分析和发表观点吗？孩子的分析思路和观点表达能力怎样？

4. 孩子在发展批判性思维的过程中，对于信息的筛选和评估能力有没有提高？

5. 您观察到孩子在决策过程中（如选择兴趣班、处理同学关系等）展现出哪些具体的能力和思维方式？您对孩子的决策方式有什么建议或指导？

6. 在选择兴趣班时，孩子是基于自身兴趣、未来发展还是其他因素来做决定的？

7. 当孩子在处理与同学的矛盾时，其决策是倾向于妥协、对抗还是寻求第三方帮助？

8. 您觉得孩子在决策时是否充分考虑了后果和他人的感受？您会给予怎样的建议来完善其决策过程？

9. 您认为学校在培养学生批判性思维方面可以如何改进（如优化课程设置、提供更多的思维训练活动等）？您觉得这些改进对学生的未来发展有何重要性？

10. 您希望学校在哪些学科的课程中增加批判性思维的培养内容（如语文、数学、科学等）？

11. 对于学校提供的思维训练活动（如辩论比赛、案例分析等），您认为频率和形式应该是怎样的？

12. 您认为培养批判性思维对孩子在高中阶段的学习、未来的职业选择和社会生活将产生怎样的积极影响？

八年级学生"三观"养成教育现状调查问卷(家长卷)

1. 您在家中是如何与孩子深入探讨价值观和道德判断(如面对诱惑、处理利益冲突等)的?孩子的观点和困惑是什么?

2. 当孩子面临网络上的不良诱惑(如不良信息、网络游戏沉迷等)时,您是如何与孩子探讨正确的应对方式的?

3. 在涉及个人利益与集体利益冲突的情境中(如班级活动与个人休息时间冲突等),您和孩子是如何权衡和决策的?孩子对此有哪些疑问和思考?

4. 孩子对于社会上一些道德争议事件(如名人的道德丑闻等)有什么看法和评价?

5. 您观察到孩子在形成个人价值观方面(如对待友谊、追求梦想等)有哪些具体的表现和变化?这些表现对孩子的行为和选择产生了怎样的影响?

6. 孩子在选择朋友时,更看重的是对方的品德、兴趣还是其他因素?这种选择标准的变化反映了孩子价值观的怎样的发展?

7. 当孩子在追求梦想的过程中遇到困难和挫折时,其坚持或放弃的决定体现了怎样的价值观?

8. 孩子的价值观在其日常消费行为(如购买物品时注重品牌还是性价比等)和时间管理(如用于学习和娱乐的时间分配等)上有哪些具体的体现?

9. 您认为学校在引导学生形成正确价值观方面可以如何加强(如加强心理健康教育、开展价值观主题的讨论活动等)?您觉得学校在价值观教育中的角色和作用是什么?

10. 您希望学校的心理健康教育课程如何帮助学生树立正确的价值观(如增强心理调适能力、培养积极心态等)?

11. 在开展价值观主题的讨论活动时,您认为可以邀请哪些嘉宾(如成功人士、道德楷模等)来分享经验和观点?

12. 您觉得学校作为教育机构,在营造积极向上的价值观氛围、纠正学生的不良价值倾向方面应该承担怎样的责任和使命?

九年级学生"三观"养成教育现状调查问卷(家长卷)

1. 您在家中是如何与孩子一起探讨并帮助孩子规划未来和设定目标(如选择高中、考虑职业方向等)的?您为孩子提供了哪些资源和支持?

2. 在选择高中时,您和孩子是如何综合考虑学校的师资力量、教学质量、校园文化等因素的?

3. 对于孩子感兴趣的职业方向(如医生、工程师、艺术家等),您是如何帮助孩子了解其发展前景、所需技能和素质的?

4. 您为孩子提供了哪些学习资源(如课外辅导班、职业体验活动等)和心理支持(如缓解压力、增强信心等)来助力其未来规划?

5. 您观察到孩子在为未来做准备方面(如学习动力、参加课外培训等)有哪些思考和行动?您对孩子的这些思考和行动有什么看法和建议?

6. 孩子在面对中考的压力时,其学习动力的来源是内在的兴趣和追求还是外在的期望和竞争?

7. 对于参加课外培训,孩子是基于提高成绩、拓展兴趣还是其他原因做出的决定?您认为这些课外培训对孩子的未来发展是否真正有益?

8. 您觉得孩子在为未来做准备的过程中,是否具备了足够的自主学习能力和时间管理能力?您会给出怎样的建议来帮助其进一步提升?

9. 您认为学校可以如何协助学生进行有效的人生规划(如邀请专业人士进行职业指导、组织参观高校等)?您希望学校在人生规划教育中注重哪些方面?

10. 对于学校邀请的专业人士(如职业规划师、高校招生老师等)进行的职业指导讲座,您希望涵盖哪些具体内容(如职业选择策略、高校专业介绍等)?

11. 在组织参观高校的活动中,您认为怎样的安排和互动形式能够让学生更深入地了解高校生活和专业设置?

12. 您希望学校在人生规划教育中注重培养学生的哪些能力和素质(如创新能力、适应能力等),以及如何将人生规划教育与学科教育有机结合?

附录四：家长访谈纲要

一年级学生"三观"养成教育访谈纲要（家长卷）

一、基础道德观念与行为习惯

1. 您在家中通过何种具体方式向孩子介绍基本的道德规范（如诚实、礼貌等）？您觉得这些方式的效果如何？

2. 您会定期给孩子讲关于诚实和礼貌的故事吗？大概多久讲一次？能分享一下孩子听完后的反应吗？

3. 当您亲身示范礼貌行为时，孩子有没有模仿或者表现出特别的关注？

4. 您觉得通过您的这些教育方式，孩子现在对诚实和礼貌的理解处于什么水平？能举例说明吗？

5. 您观察到的孩子在学校学习到的行为习惯有哪些？这些习惯在日常生活中的表现频率如何？

6. 孩子在学校学会整理书包后，在家能独立完成的频率高吗？您有没有进一步引导？

7. 您带孩子去购物结账排队时，孩子能自觉遵守先来后到的原则吗？

8. 孩子在家提到老师时，态度和言语上有哪些能体现出对老师的尊重？

9. 您认为一年级学生在哪些方面最需要道德教育？您认为造成这种需求的原因是什么？

10. 您发现孩子和小伙伴玩时不愿意分享，您觉得是为什么？您采取了什么教育措施？

11. 当孩子在公园不遵守公共秩序时，您认为主要原因是什么？您是怎么教育的？

12. 您觉得一年级学生适应学校纪律要求时可能会遇到哪些困难？您是怎么帮助孩子克服的？

二、开放性问题

1. 您认为孩子在一年级面临的最大"三观"养成教育挑战是什么？

2. 您对学校在一年级学生"三观"养成教育方面有何期望或建议？

3. 您是否有其他想要分享的关于孩子"三观"养成教育的经验和想法？

儿童哲学助力学生"三观"养成教育的实践探究

二年级学生"三观"养成教育访谈纲要(家长卷)

一、社交技能与合作意识

1. 您孩子在与同龄人交往中展现出哪些具体的社交技能？您是如何发现和培养这些技能的？

2. 孩子初次见新朋友主动打招呼时，语气和表情是怎样的？您当时的感受如何？

3. 当别的孩子讲话时，孩子倾听的专注度怎么样？如果有打断的情况，您是怎么教育的？

4. 您主要是通过鼓励孩子参加集体活动还是日常家庭交流来培养其表达想法的能力？能具体说一说吗？

5. 您在家中是如何通过实际的活动或场景帮助孩子理解和实践分享与合作的？在这个过程中，孩子的反应和表现是怎样的？

6. 一起做手工时，您是怎么引导孩子分享材料和工具的？孩子愿意分享吗？

7. 分配家务时，孩子对任务的接受程度如何？完成的质量好不好？

8. 孩子参与这些活动时，有没有提出关于分享与合作的疑问？您是怎么回答的？

9. 您认为学校在培养孩子合作精神方面可以如何加强？您希望学校采取哪些具体的措施？

10. 您觉得学校目前的小组活动在形式和内容上有哪些可以改进的地方？

11. 除了课堂小组活动，您觉得学校在课间活动或者校园活动中可以怎样提供更多合作机会？

12. 对于促进孩子合作精神的评价和激励机制，您希望具体包括哪些内容？

二、开放性问题

1. 您认为孩子在二年级面临的最大"三观"养成教育挑战是什么？

2. 您对学校在二年级学生"三观"养成教育方面有何期望或建议？

3. 您是否有其他想要分享的关于孩子"三观"养成教育的经验和想法？

三年级学生"三观"养成教育访谈纲要(家长卷)

一、自我认知与自尊心

1. 您在家中通过哪些具体的活动或话语帮助孩子建立积极的自我形象？孩子对此的接受和反应如何？

2. 当您鼓励孩子尝试新运动或艺术活动时，孩子一开始是抗拒还是感兴趣？后来参与的热情有变化吗？

3. 对于孩子学习或生活中的小进步，您具体是怎么肯定和表扬的？孩子当时的表情和回应是什么样的？

4. 孩子接受您的鼓励和肯定后，在行为或心态上有没有明显的积极改变？比如更自信、更愿意尝试新事物。

5. 您观察到孩子在学校中自尊心的表现有哪些？这些表现对孩子的学习和生活产生了怎样的影响？

6. 孩子在学校主动发言时，声音大小和表情神态能反映出他的自尊心状态，您能具体描述一下吗？

7. 孩子参加学校竞赛活动时，对于可能的失败，他是很担心、无所谓还是很勇敢面对？

8. 孩子自尊心的不同表现是如何影响他和同学之间的互动与合作的？能举例说明吗？

9. 您认为学校可以如何进一步支持孩子的自我认知发展？您觉得这样做的意义和价值在哪里？

10. 您希望学校的个性化评价能涵盖孩子的哪些方面？比如性格、兴趣爱好、人际交往能力等。

11. 对于学校组织的自我展示活动，您认为除了演讲比赛和才艺表演，还可以有哪些形式？

12. 您觉得这些举措对孩子建立自信、明确自身优势和不足有怎样的重要作用？能详细说一说吗？

二、开放性问题

1. 您认为孩子在三年级面临的最大"三观"养成教育挑战是什么？
2. 您对学校在三年级学生"三观"养成教育方面有何期望或建议？
3. 您是否有其他想要分享的关于孩子"三观"养成教育的经验和想法？

四年级学生"三观"养成教育访谈纲要(家长卷)

一、责任感与自律

1. 您在家中是如何明确地教育孩子承担家庭和学校中的责任的?您采取了哪些方法来监督和引导孩子?

2. 对于孩子完成作业这一责任,您具体设定了哪些规则和监督机制?比如完成时间、作业质量的要求。

3. 在孩子照顾宠物的过程中,您是怎么逐步增加他的照顾任务的?孩子能完成得好吗?

4. 当孩子违反校规时,您是怎么和他沟通的?孩子能认识到自己的错误吗?

5. 您观察到孩子在自律方面有哪些进步或挑战?您认为这些进步或挑战的原因是什么?

6. 孩子在控制电子产品使用时间方面,能自觉遵守约定还是需要您多次提醒?

7. 当孩子面临多项任务需要按时完成时,比如假期作业和课外兴趣班作业,他的时间管理和任务分配能力怎么样?

8. 您觉得孩子在自律方面的进步主要是因为自身意识提高还是外部监督加强?他面临的挑战主要来自哪些方面?

9. 您认为学校在培养孩子自律能力方面可以采取哪些更具体有效的措施?您对这些措施的可行性有什么看法?

10. 对于学校设置的自律奖励机制,比如评选"自律之星",您认为什么样的奖励形式最有效?

11. 在自律主题的班会上,您希望涵盖哪些具体内容?比如自律的案例分享、自律的方法介绍。

12. 您觉得这些措施在实施过程中可能会遇到哪些困难?学校应该怎

么应对？

二、开放性问题

1. 您认为孩子在四年级面临的最大"三观"养成教育挑战是什么？
2. 您对学校在四年级学生"三观"养成教育方面有何期望或建议？
3. 您是否有其他想要分享的关于孩子"三观"养成教育的经验和想法？

五年级学生"三观"养成教育访谈纲要(家长卷)

一、公平观念与正义感

1. 您在家中是如何通过具体的事例与孩子深入讨论公平和正义的概念的?孩子的理解和观点是怎样的?

2. 在家庭分配零食或娱乐时间时,您是怎么引导孩子思考公平分配原则的?孩子提出过什么想法?

3. 当孩子与兄弟姐妹发生纠纷时,您是怎么通过解决纠纷的过程传递公平和正义观念的?孩子能接受您的处理方式吗?

4. 孩子对于社会上的贫富差距、教育资源不均衡等不公平现象,有什么看法和疑问?您是怎么回答的?

5. 您观察到孩子在日常生活中如何实践公平原则?有没有出现过与公平原则相违背的情况,您是如何处理的?

6. 当和兄弟姐妹一起完成打扫房间等任务时,对于任务分配和成果评价,孩子有没有提出公平的诉求?

7. 孩子参与游戏活动出现规则争议时,是怎么主张公平的?

8. 如果孩子在游戏中有作弊等没有遵循公平原则的行为,您是怎么教育和引导他认识错误并改正的?

9. 您认为学校如何加强学生对正义感的培养?您觉得这样的活动对孩子会有怎样的帮助?

10. 对于学校开展的法律知识讲座,您希望能涵盖未成年人保护法、消费者权益保护法等哪些具体法律内容?

11. 组织模拟法庭时,您认为什么样的案例适合五年级学生,能更好地激发他们的正义感?

12. 您觉得通过这些活动,孩子在是非判断、维护自身权益和尊重他人权益方面会有怎样的提升？

二、开放性问题

1. 您认为孩子在五年级面临的最大"三观"养成教育挑战是什么？
2. 您对学校在五年级学生"三观"养成教育方面有何期望或建议？
3. 您是否有其他想要分享的关于孩子"三观"养成教育的经验和想法？

六年级学生"三观"养成教育访谈纲要(家长卷)

一、公民意识与社会参与

1. 您在家中通过哪些途径培养孩子对社会问题的认识和关心？孩子对这些社会问题的看法和态度是怎样的？

2. 您和孩子一起观看新闻时，通常会讨论环保、教育、医疗等哪些类型的社会新闻？孩子会主动发表观点吗？

3. 您带孩子参与社区活动，比如垃圾分类宣传、关爱孤寡老人，孩子的参与积极性高吗？

4. 对于网络暴力、校园欺凌等热点社会问题，孩子有什么独特的见解和感受？您是怎么引导的？

5. 您孩子参与过哪些具体的社会服务或公益活动？孩子在这些活动中的收获和成长有哪些？

6. 孩子在志愿者活动中，比如为贫困地区儿童捐赠书籍，承担了什么具体任务？

7. 孩子参与环保行动，比如植树造林、节约能源宣传，对环境保护的认识有哪些深化？

8. 您觉得这些社会服务和公益活动对孩子的团队协作能力和社会责任感的培养起到了怎样的作用？

9. 您认为学校可以如何提高学生的社会参与度？您对学校的这些举措有什么期待？

10. 对于学校与社区合作开展的实践项目，您希望涉及文化传承、科技创新等哪些领域？

11. 您认为学校建立的社会参与激励机制应该包括荣誉证书、综合素质评价加分等哪些方面？

12. 您期待学校通过提高学生的社会参与度，在培养学生的社会适应能力和创新精神方面取得哪些具体成果？

二、开放性问题

1. 您认为孩子在六年级面临的最大"三观"养成教育挑战是什么？
2. 您对学校在六年级学生"三观"养成教育方面有何期望或建议？
3. 您是否有其他想要分享的关于孩子"三观"养成教育的经验和想法？

七年级学生"三观"养成教育访谈纲要(家长卷)

一、批判性思维与决策能力

1. 您在家中通过哪些方法帮助孩子发展批判性思维?孩子在这个过程中的表现和进步如何?

2. 当孩子对您的观点或家庭决策提出疑问时,您是怎么回应和引导的?能举例说明吗?

3. 您给孩子提供具有争议性的话题,比如电子游戏对青少年的影响,让他分析和发表观点,孩子的分析思路清晰吗?观点表达是否有条理?

4. 孩子在发展批判性思维的过程中,对于信息的筛选和评估能力有没有提高?比如能否辨别虚假信息。

5. 您观察到孩子在决策过程中展现出哪些具体的能力和思维方式?您对孩子的决策方式有什么建议或指导?

6. 孩子选择兴趣班时,主要考虑自身兴趣、未来发展还是其他因素?您觉得他的考虑周全吗?

7. 当孩子处理与同学的矛盾时,他的决策是倾向于妥协、对抗还是寻求第三方帮助?您认为这种决策方式合适吗?

8. 您觉得孩子在做决策时,是否充分考虑了后果和他人的感受?您会给他哪些建议来完善决策过程?

9. 您认为学校在培养学生批判性思维方面可以如何改进?您觉得这些改进对学生的未来发展有何重要性?

10. 您希望学校在语文、数学、科学等哪些学科的课程中增加批判性思维的培养内容?

11. 对于学校提供的思维训练活动,比如辩论比赛、案例分析,您认为频率多久一次合适?形式上有什么建议?

12. 您认为培养批判性思维对孩子高中阶段的学习、未来的职业选择和社会生活有哪些积极影响?能详细说一说吗?

二、开放性问题

1. 您认为孩子在七年级面临的最大"三观"养成教育挑战是什么?
2. 您对学校在七年级学生"三观"养成教育方面有何期望或建议?
3. 您是否有其他想要分享的关于孩子"三观"养成教育的经验和想法?

八年级学生"三观"养成教育访谈纲要(家长卷)

一、价值观形成与道德判断

1. 您在家中是如何与孩子深入探讨价值观和道德判断的?孩子的观点和困惑是什么?

2. 当孩子面临网络不良诱惑,比如不良信息、网络游戏沉迷时,您是怎么和他探讨正确应对方式的?孩子能接受您的建议吗?

3. 在个人利益与集体利益冲突的情境中,比如班级活动与个人休息时间冲突,您和孩子是如何权衡和决策的?孩子对此有什么疑问和思考?

4. 对于社会上一些名人的道德丑闻等道德争议事件,孩子有什么看法和评价?您是怎么引导他正确看待的?

5. 您观察到孩子在形成个人价值观方面有哪些具体的表现和变化?这些表现对孩子的行为和选择产生了怎样的影响?

6. 孩子选择朋友时,更看重对方的品德、兴趣还是其他因素?这种选择标准的变化反映了孩子价值观怎样的发展趋势?

7. 当孩子在追求梦想的过程中遇到困难和挫折时,他坚持或放弃的决定体现了怎样的价值观?

8. 孩子的价值观在日常消费行为,比如购买物品时注重品牌还是性价比,以及时间管理,比如用于学习和娱乐的时间分配上,有哪些具体体现?

9. 您认为学校在引导学生形成正确价值观方面可以如何加强?您觉得学校在价值观教育中的角色和作用是什么?

10. 您希望学校的心理健康教育课程通过哪些方式帮助学生树立正确的价值观?比如增强心理调适能力、培养积极心态。

11. 在开展价值观主题的讨论活动时,您认为邀请成功人士、道德楷模等哪些嘉宾来分享经验和观点会对学生有帮助?

12. 您觉得学校作为教育机构,在营造积极向上的价值观氛围、纠正学生不良价值倾向方面应该承担怎样的责任和使命？

二、开放性问题

1. 您认为孩子在八年级面临的最大"三观"养成教育挑战是什么？
2. 您对学校在八年级学生"三观"养成教育方面有何期望或建议？
3. 您是否有其他想要分享的关于孩子"三观"养成教育的经验和想法？

九年级学生"三观"养成教育访谈纲要(家长卷)

一、人生规划与未来目标

1. 您在家中是如何与孩子一起探讨并帮助孩子规划未来和设定目标的?您为孩子提供了哪些资源和支持?

2. 在选择高中时,您和孩子综合考虑学校的师资力量、教学质量、校园文化等因素的过程中,您主要提供了哪些信息和建议?

3. 对于孩子感兴趣的职业方向,比如医生、工程师、艺术家等,您是通过什么方式帮助孩子了解该职业的发展前景、所需技能和素质的?

4. 您为孩子提供了课外辅导班、职业体验活动等哪些学习资源,以及缓解压力、增强信心等哪些心理支持来助力其未来规划?

5. 您观察到孩子在为未来做准备方面有哪些思考和行动?您对孩子的这些思考和行动有什么看法和建议?

6. 面对中考压力,孩子学习动力的来源是内在兴趣和追求还是外在期望和竞争?您是怎么激发孩子内在动力的?

7. 对于孩子参加课外培训,您认为对他的未来发展是否真正有益?为什么?

8. 您觉得孩子在为未来做准备的过程中,自主学习能力和时间管理能力怎么样?您会给出怎样的建议来帮助其进一步提升?

9. 您认为学校可以如何协助学生进行有效的人生规划?您希望学校在人生规划教育中注重哪些方面?

10. 对于学校邀请职业规划师、高校招生老师进行的职业指导讲座,您希望涵盖职业选择策略、高校专业介绍等哪些具体内容?

11. 在组织参观高校的活动中,您认为怎样的安排和互动形式能让学生更深入地了解高校生活和专业设置?比如与高校学生交流、参与实验课程。

12. 您希望学校在人生规划教育中注重培养学生的创新能力、适应能力等哪些能力和素质？以及如何将人生规划教育与学科教育有机结合？

二、开放性问题

1. 您认为孩子在九年级面临的最大"三观"养成教育挑战是什么？

2. 您对学校在九年级学生"三观"养成教育方面有何期望或建议？

3. 您是否有其他想要分享的关于孩子"三观"养成教育的经验和想法？

附录五：教师调查问卷

一年级学生"三观"养成教育现状调查问卷（教师卷）

1. 您如何评估一年级学生在诚实和礼貌方面的表现？
2. 您通过哪些具体的行为或言语来判断学生是否诚实？
3. 在日常教学中，学生表现出礼貌行为的频率如何？
4. 对于不同性格的学生，他们在诚实和礼貌方面的表现有何差异？
5. 您认为哪些教学方法对于培养学生的基础道德观念最为有效？
6. 您是否经常使用故事、儿歌等方式来传递道德观念？效果如何？
7. 榜样示范在培养学生基础道德观念中起到了多大作用？
8. 奖励和表扬机制对学生养成良好道德习惯的促进作用明显吗？
9. 您观察到学生在日常生活中哪些行为习惯需要改进？
10. 学生在整理个人物品、遵守课堂秩序等方面存在哪些问题？
11. 部分学生在与同学相处时，是否有不文明的行为表现？
12. 学生在校园公共环境中的行为习惯，如爱护公物，有哪些需要加强的地方？
13. 您如何与家长合作，以加强学生在家庭中的行为习惯培养？
14. 您是否定期与家长沟通学生的行为表现，并提供相应的建议？
15. 您会给家长推荐哪些家庭活动或教育方法来培养学生的基础道德观念？
16. 在与家长合作的过程中，遇到的主要困难是什么，您是如何解决的？
17. 对于一年级学生基础道德观念和行为习惯的培养，您还有哪些独特的见解或建议？
18. 在您的教学过程中，是否有令您印象深刻的学生案例可以分享，以及您从中得到的启示有哪些？

二年级学生"三观"养成教育现状调查问卷(教师卷)

1. 您如何评价二年级学生在与同龄人交往中的社交技能?
2. 学生在主动与他人打招呼、发起交流方面的表现如何?
3. 学生在理解他人情感和需求方面的能力怎样?
4. 不同性别学生在社交技能上是否存在显著差异?
5. 您认为学校可以如何提供更多促进学生合作意识的活动或课程?
6. 您觉得小组合作学习的形式是否需要进一步优化?
7. 学校开展的集体活动,如运动会、文艺表演,对培养学生合作意识的效果如何?
8. 您希望学校开设专门的合作能力培养课程吗?如果是,您认为课程内容应包括哪些方面?
9. 您在课堂上如何鼓励学生分享和倾听?
10. 您会设置哪些具体的课堂环节来促进学生的分享和倾听?
11. 对于积极分享和认真倾听的学生,您会给予怎样的及时反馈和奖励?
12. 当学生在分享或倾听过程中出现问题时,您如何进行引导和纠正?
13. 您观察到哪些因素可能影响学生合作精神的发展?
14. 学生的性格特点对合作精神的培养有怎样的影响?
15. 家庭环境是否会在一定程度上影响学生的合作意愿和能力?
16. 班级氛围和同学关系对学生合作精神的发展有多大作用?
17. 关于二年级学生社交技能和合作意识的培养,您认为学校和教师还需要在哪些方面做出努力?
18. 在您的教学实践中,有没有特别成功的培养学生社交技能和合作意识的案例,您是如何做到的?

三年级学生"三观"养成教育现状调查问卷(教师卷)

1. 您如何帮助三年级学生建立积极的自我形象?
2. 您是否会通过个性化的评价和反馈来增强学生的自信心?
3. 在课堂教学中,您如何为学生创造成功体验的机会?
4. 您会如何引导学生正确看待自己的优点和不足?
5. 您认为哪些活动或课程最能提升学生的自尊心?
6. 艺术、体育等特长课程对学生自尊心的提升效果如何?
7. 班级内的竞赛活动是否有助于增强学生的自尊心?
8. 心理健康教育课程在培养学生自尊心方面应重点关注哪些内容?
9. 您观察到学生在自我认知方面有哪些进步或挑战?
10. 学生在自我评价时,是否能够更加客观和全面?
11. 部分学生在面对挫折时,对自身能力的认知是否存在偏差?
12. 随着年龄增长,学生在自我认知上的关注点有哪些变化?
13. 您如何评估学生的自尊心对其学习和社交活动的影响?
14. 自尊心较强的学生在学习上是否更有动力和积极性?
15. 学生在社交场合中的表现是否与其自尊心水平相关?
16. 您如何帮助自尊心较低的学生改善其在学习和社交中的状态?
17. 在培养三年级学生自我认知和自尊心方面,您遇到的最大困难是什么,希望得到怎样的支持?
18. 请分享您在促进学生自我认知和自尊心发展方面的宝贵经验和创新做法。

四年级学生"三观"养成教育现状调查问卷(教师卷)

1. 您如何评价四年级学生在责任感和自律方面的表现?
2. 学生在完成班级任务和作业时的责任心如何?
3. 学生在遵守课堂纪律和学校规章制度方面的自律性怎样?
4. 不同学科的学习过程中,学生的责任感和自律表现是否存在差异?
5. 您认为哪些教学策略能够有效培养学生的责任感?
6. 分配明确的任务和职责是否有助于增强学生的责任感?
7. 榜样示范,如讲述名人或身边人的责任故事,效果如何?
8. 引导学生进行自我反思和自我评价对培养责任感有多大帮助?
9. 您如何监督和指导学生在自律方面的进步?
10. 您是否会制定具体的自律目标和计划,并定期检查学生的执行情况?
11. 当学生出现自律方面的问题时,您会采取哪些教育措施?
12. 您如何引导学生学会自我监督和自我调整?
13. 您认为学校可以如何支持学生在自律能力上的提升?
14. 学校是否需要提供更多关于自律培养的资源和培训?
15. 校园环境和文化建设对学生自律能力的培养有何作用?
16. 学校与家长在培养学生自律能力方面如何形成更有效的合作?
17. 对于四年级学生责任感和自律能力的培养,您认为还需要哪些改进和完善的地方?
18. 分享一个您成功帮助学生提升责任感或自律能力的案例,并说明您采取的方法和策略。

儿童哲学助力学生"三观"养成教育的实践探究

五年级学生"三观"养成教育现状调查问卷(教师卷)

1. 您如何教授五年级学生理解公平和正义的概念?
2. 您会通过哪些具体的案例或故事来解释公平和正义?
3. 在课堂讨论中,您如何引导学生对公平和正义的问题进行深入思考?
4. 您如何帮助学生区分公平、平等和公正的概念?
5. 您观察到学生在日常生活中如何实践公平原则?
6. 学生在游戏、竞赛等活动中是否能够自觉遵守公平规则?
7. 在团队合作中,学生在分配任务和成果评价时是否体现公平原则?
8. 当面对不公平的情况时,学生通常会采取怎样的行动?
9. 您认为学校可以如何加强学生对正义感的培养?
10. 学校是否可以开展模拟法庭、法律知识竞赛等活动来增强学生的正义感?
11. 邀请法律专家或正义人士来校讲座,对学生正义感的培养是否有帮助?
12. 如何在学科教学中渗透正义感的教育?
13. 您如何评价学生在处理不公平现象时的反应和方式?
14. 学生在面对不公平现象时,是否能够勇敢地表达自己的观点?学生所采取的处理方式是否合理、有效?
15. 您如何引导学生改进不当的反应和处理方式?
16. 在培养五年级学生公平观念和正义感方面,您认为当前教育存在哪些不足和挑战?
17. 请分享您在教学中培养学生公平观念和正义感的成功经验和创新做法。

六年级学生"三观"养成教育现状调查问卷（教师卷）

1. 您如何评价六年级学生的公民意识和社会参与度？
2. 学生对社会热点问题的关注度和了解程度如何？
3. 学生在班级和学校活动中的参与积极性和主动性怎样？
4. 学生是否具备一定的社会责任感和公益意识？
5. 您认为学校可以如何提高学生的社会参与度？
6. 学校是否可以组织更多的社会实践活动，如社区服务、环保行动？
7. 如何加强与社会组织和机构的合作，为学生提供更多的社会参与机会？
8. 在课程设置上，如何融入更多与社会参与相关的内容？
9. 您观察到哪些活动最能激发学生的公民意识？
10. 主题班会、辩论赛等活动对激发学生公民意识的效果如何？
11. 参与社会调研、参观公共机构等实践活动是否能有效提升学生的公民意识？
12. 阅读与讨论社会议题相关的书籍和文章是否有助于增强学生的公民意识？
13. 您如何评估社会服务和公益活动对学生个人成长的影响？
14. 学生在参与社会服务和公益活动后，在沟通能力、团队协作能力等方面是否有明显进步？
15. 这些活动对学生价值观和人生观的形成有何影响？
16. 您如何引导学生将社会服务和公益活动中的经验运用到日常生活和学习中？
17. 对于六年级学生公民意识和社会参与的培养，您认为学校和教师还需要在哪些方面加强？
18. 分享一次学生在社会服务或公益活动中的突出表现，并谈谈您的感受和体会。

七年级学生"三观"养成教育现状调查问卷(教师卷)

1. 您如何评价七年级学生在批判性思维方面的能力?
2. 学生在课堂讨论和问题分析中,能否提出独特的见解和质疑?
3. 学生在面对不同观点和信息时,是否具备辨别和评估的能力?
4. 学生在解决问题时,思维的逻辑性和系统性如何?
5. 您认为哪些教学方法能够有效培养学生的批判性思维?
6. 小组辩论、项目式学习等教学方法对培养批判性思维的作用有多大?
7. 引导学生进行文献阅读和研究报告撰写是否有助于提升批判性思维?
8. 在教学中如何设置具有启发性和争议性的问题来激发学生的批判性思考?
9. 您观察到学生在决策过程中展现出哪些能力和思维方式?
10. 学生在选择兴趣小组、课外活动等方面的决策依据是什么?
11. 学生在面对复杂问题和多个选择时,决策的果断性和准确性如何?
12. 学生在做出决策后,是否能够对结果进行反思和总结?
13. 您认为学校可以如何改进以更好地培养学生的决策能力?
14. 学校是否可以开设专门的决策能力培养课程或讲座?
15. 提供更多的实际决策情境和案例分析,对学生决策能力的提升是否有帮助?
16. 如何引导学生在决策过程中充分考虑各种因素?包括道德、伦理和社会影响。
17. 在培养七年级学生批判性思维和决策能力方面,您遇到的主要困难和挑战是什么?
18. 请分享您在教学中培养学生批判性思维和决策能力的有效策略和成功经验。

八年级学生"三观"养成教育现状调查问卷(教师卷)

1. 您如何评价八年级学生在价值观形成和道德判断方面的表现?
2. 学生在面对道德困境时的判断和选择是否符合社会主流价值观?
3. 学生在日常行为中所体现的价值观,如诚信、友善、勤奋等,是否稳定和一致?
4. 不同家庭背景和成长环境的学生在价值观和道德判断上是否存在显著差异?
5. 您如何与学生探讨价值观和道德判断的问题?
6. 您会通过哪些具体的教学活动或主题班会来引导学生思考价值观和道德问题?
7. 在与学生交流时,如何尊重学生的观点,同时引导他们形成正确的价值观和道德判断?
8. 当学生的观点与您或社会主流价值观不一致时,您如何处理?
9. 您观察到学生在形成个人价值观方面有哪些具体的表现和变化?
10. 学生对待学业、友谊、家庭等方面的价值观是否随着年龄增长而发生变化?
11. 社会媒体和流行文化对学生价值观的形成有何影响?
12. 学生在面对利益冲突和道德抉择时,价值观的导向作用是否明显?
13. 您认为学校在引导学生形成正确价值观方面可以如何加强?
14. 学校是否可以加强校园文化建设,营造积极向上的价值观氛围?
15. 开展价值观教育的师资培训和专业指导是否必要?
16. 如何建立有效的价值观评价和反馈机制,以促进学生价值观的健康发展?
17. 在八年级学生价值观形成和道德判断的教育中,您认为需要学校和家庭提供哪些支持?

18. 分享一个您在引导学生形成正确价值观和进行道德判断方面的深刻案例，并阐述您的教育方法和体会。

九年级学生"三观"养成教育现状调查问卷(教师卷)

1. 您如何评价九年级学生对未来规划和目标设定的意识？
2. 学生对高中、职业选择和未来发展方向的思考是否清晰和明确？
3. 学生在制定目标时,是否考虑了自身的兴趣、能力和社会需求？
4. 学生对不同升学途径和职业发展的了解程度如何？
5. 您认为学校可以如何协助学生进行有效的人生规划？
6. 学校是否应该提供更多的职业体验、生涯规划课程和一对一的咨询指导？
7. 如何加强与家长的沟通与合作,共同帮助学生进行人生规划？
8. 利用校友资源和社会合作单位,为学生提供更多实际的职业信息和榜样示范,是否可行？
9. 您观察到学生在为未来做准备方面有哪些思考和行动？
10. 学生在学习上是否有针对性地提升自己的学科成绩和综合素质？
11. 学生是否积极参加与未来职业相关的培训和活动？
12. 学生在心理调适和应对压力方面,为未来做了哪些准备？
13. 您认为学校在人生规划教育中应注重培养学生的哪些能力和素质？
14. 自我认知和自我管理能力在人生规划中的重要性如何？
15. 创新精神、适应能力和解决问题的能力对学生未来发展的影响有多大？
16. 培养学生的社会责任感和全球视野在人生规划教育中是否必要？
17. 对于九年级学生的人生规划教育,您认为还存在哪些问题和不足？
18. 请分享您在帮助学生进行人生规划和未来目标设定方面的成功经验和建议。

附录六：教师访谈纲要

一年级学生"三观"养成教育访谈纲要（教师卷）

一、关于学生在诚实和礼貌方面的表现

1. 请您谈谈一年级学生在诚实方面的常见表现，您通过哪些具体行为或言语来判断他们是否诚实？

2. 在您的日常教学中，一年级学生表现出礼貌行为的频率大概是怎样的？能举例说明吗？

3. 对于不同性格的一年级学生，您觉得他们在诚实和礼貌方面的表现有哪些明显的差异？

二、培养基础道德观念的教学方法

1. 您是否经常运用故事、儿歌等方式来向一年级学生传递道德观念？实际效果如何？

2. 在您看来，榜样示范对于培养一年级学生的基础道德观念起到了多大的作用？能分享一些具体的例子吗？

3. 您设置的奖励和表扬机制对一年级学生养成良好道德习惯的促进作用是否明显？您是如何操作的？

三、学生需要改进的行为习惯

1. 就您的观察，一年级学生在整理个人物品方面存在哪些普遍问题？

2. 一年级学生在遵守课堂秩序方面，您觉得有哪些需要改进的地方？

3. 部分一年级学生在与同学相处时，有没有出现不文明的行为表现？具体是怎样的？

4. 在校园公共环境中，一年级学生在爱护公物方面，您认为有哪些需要加强的地方？

四、与家长的合作

1. 您是否会定期与家长沟通一年级学生的行为表现？通常会提供哪些相应的建议？

2. 您会给一年级学生的家长推荐哪些家庭活动或教育方法来培养学生的基础道德观念？

3. 在与家长合作培养学生行为习惯的过程中，您遇到的主要困难是什么？您是如何解决的？

五、开放式问题

1. 对于一年级学生基础道德观念和行为习惯的培养，您还有哪些独特的见解或建议？

2. 在您的教学过程中，是否有令您印象深刻的一年级学生案例可以分享？

儿童哲学助力学生"三观"养成教育的实践探究

二年级学生"三观"养成教育访谈纲要(教师卷)

一、学生的社交技能

1. 请您评价一下二年级学生在主动与他人打招呼、发起交流方面的表现。

2. 您认为二年级学生在理解他人情感和需求方面的能力处于怎样的水平?

3. 从您的观察来看,二年级不同性别的学生在社交技能上是否存在显著的差异?如果有,体现在哪些方面?

二、促进学生合作意识的活动与课程

1. 您觉得当前二年级小组合作学习的形式存在哪些可以优化的地方?

2. 学校开展的运动会、文艺表演等集体活动,对二年级学生合作意识的培养效果如何?

3. 您希望学校为二年级开设专门的合作能力培养课程吗?如果是,您认为课程内容应该涵盖哪些方面?

三、鼓励学生分享和倾听

1. 您在二年级课堂上会设置哪些具体的环节来促进学生的分享和倾听?

2. 对于二年级积极分享和认真倾听的学生,您会给予怎样具体的及时反馈和奖励?

3. 当二年级学生在分享或倾听过程中出现问题时,您通常会如何进行引导和纠正?

四、影响学生合作精神发展的因素

1. 您觉得二年级学生的性格特点对合作精神的培养有着怎样的影响?

2. 家庭环境是否会在一定程度上影响二年级学生的合作意愿和能力?

能举例说明吗？

3. 您认为二年级的班级氛围和同学关系对学生合作精神的发展能起到多大的作用？

五、开放式问题

1. 关于二年级学生社交技能和合作意识的培养，您认为学校和教师还需要在哪些方面做出努力？

2. 在您的教学实践中，有没有特别成功的培养二年级学生社交技能和合作意识的案例，您是如何做到的？

三年级学生"三观"养成教育访谈纲要(教师卷)

一、帮助学生建立积极自我形象

1. 您是否会经常通过个性化的评价和反馈来增强三年级学生的自信心?能举例说明吗?

2. 在三年级的课堂教学中,您是如何为学生创造成功体验的机会的?

3. 对于三年级学生,您会怎样引导他们正确看待自己的优点和不足?

二、提升学生自尊心的活动与课程

1. 您认为艺术、体育等特长课程对三年级学生自尊心的提升效果显著吗?为什么?

2. 您觉得班级内的竞赛活动对增强三年级学生的自尊心有帮助吗?

3. 您认为三年级的心理健康教育课程在培养学生自尊心方面应该重点关注哪些内容?

三、学生自我认知的进步与挑战

1. 您观察到三年级学生在自我评价时,能否做到更加客观和全面?

2. 部分三年级学生在面对挫折时,对自身能力的认知是否存在偏差?您是如何发现和处理的?

3. 随着年龄的增长,三年级学生在自我认知上的关注点发生了哪些明显的变化?

四、评估学生自尊心的影响

1. 您觉得自尊心较强的三年级学生在学习上是否表现出更强劲的动力和积极性?

2. 三年级学生在社交场合中的表现与他们的自尊心水平是否存在关联?

3. 对于自尊心较低的三年级学生,您是如何帮助他们改善在学习和社交中的状态的？

五、开放式问题

1. 在培养三年级学生自我认知和自尊心方面，您遇到的最大困难是什么，希望得到怎样的支持？

2. 请分享您在促进三年级学生自我认知和自尊心发展方面的宝贵经验和创新做法。

四年级学生"三观"养成教育访谈纲要(教师卷)

一、学生在责任感和自律方面的表现

1. 请您评价一下四年级学生在完成班级任务和作业时所展现的责任心。

2. 四年级学生在遵守课堂纪律和学校规章制度方面的自律性如何?

3. 在不同学科的学习过程中,您观察到四年级学生的责任感和自律表现存在差异吗?具体是怎样的?

二、培养学生责任感的教学策略

1. 您认为给四年级学生分配明确的任务和职责是否有助于增强他们的责任感?效果如何?

2. 榜样示范,比如讲述名人或身边人的责任故事,对四年级学生责任感的培养作用大吗?

3. 引导四年级学生进行自我反思和自我评价,对培养他们的责任感能起到多大的帮助?

三、监督和指导学生在自律方面的进步

1. 您是否会为四年级学生制定具体的自律目标和计划,并定期检查他们的执行情况?

2. 当四年级学生出现自律方面的问题时,您通常会采取哪些教育措施?

3. 您是如何引导四年级学生学会自我监督和自我调整的?

四、学校对学生自律能力的支持

1. 您觉得学校是否需要为四年级学生提供更多关于自律培养的资源和培训?

2. 您认为校园环境和文化建设对四年级学生自律能力的培养能发挥

怎样的作用？

3. 在培养四年级学生自律能力方面，学校与家长如何形成更有效的合作？您有什么建议？

五、开放式问题

1. 对于四年级学生责任感和自律能力的培养，您认为还需要哪些改进和完善的地方？

2. 分享一个您成功帮助四年级学生提升责任感或自律能力的案例，并说明您采取的方法和策略。

五年级学生"三观"养成教育访谈纲要(教师卷)

一、教授公平和正义的概念

1. 您会通过哪些具体生动的案例或故事来向五年级学生解释公平和正义?

2. 在五年级的课堂讨论中,您是如何引导学生对公平和正义的问题进行深入思考的?

3. 对于五年级学生,您是怎样帮助他们区分公平、平等和公正这三个概念的?

二、对学生实践公平原则的观察

1. 五年级学生在游戏、竞赛等活动中是否能够自觉遵守公平规则?您能举例说明吗?

2. 在团队合作中,五年级学生在分配任务和成果评价时是否能体现公平原则?

3. 当面对不公平的情况时,五年级学生通常会采取怎样的行动?您是如何引导的?

三、学校加强正义感培养的措施

1. 您觉得学校开展模拟法庭、法律知识竞赛等活动对五年级学生正义感的培养是否有效果?

2. 邀请法律专家或正义人士来校讲座,对五年级学生正义感的培养会有帮助吗?您的看法是?

3. 在学科教学中,您认为应该如何渗透正义感的教育?

四、评价学生处理不公平现象的方式

1. 五年级学生在面对不公平现象时,是否能够勇敢地表达自己的观点?

2. 您认为五年级学生所采取的处理不公平现象的方式是否合理、有效？

3. 对于学生不当的反应和处理方式，您会如何引导他们改进？

五、开放式问题

1. 在培养五年级学生公平观念和正义感方面，您认为当前教育存在哪些不足和挑战？

2. 请分享您在教学中培养五年级学生公平观念和正义感的成功经验和创新做法。

六年级学生"三观"养成教育访谈纲要(教师卷)

一、学生的公民意识和社会参与度

1. 请您评价一下六年级学生对社会热点问题的关注度和了解程度。

2. 六年级学生在班级和学校活动中的参与积极性和主动性表现如何？

3. 您觉得六年级学生是否具备一定的社会责任感和公民意识？

二、提高学生社会参与度的方法

1. 您认为学校是否应该为六年级学生组织更多的社会实践活动？比如社区服务、环保行动。

2. 在加强与社会组织和机构的合作，为六年级学生提供更多的社会参与机会方面，您有什么建议？

3. 关于课程设置，您觉得如何融入更多与社会参与相关的内容来提高六年级学生的社会参与度？

三、激发学生公民意识的活动

1. 您认为主题班会、辩论赛等活动对激发六年级学生的公民意识效果怎样？

2. 参与社会调研、参观公共机构等实践活动是否能有效提升六年级学生的公民意识？

3. 阅读与讨论社会议题相关的书籍和文章对增强六年级学生的公民意识有帮助吗？

四、评估社会服务和公益活动的影响

1. 您观察到六年级学生在参与社会服务和公益活动后，在沟通能力、团队协作能力等方面是否有明显的进步？

2. 这些活动对六年级学生价值观和人生观的形成有着怎样的影响？

3. 您是如何引导六年级学生将社会服务和公益活动中的经验运用到

日常生活和学习中的？

五、开放式问题

1. 对于六年级学生公民意识和社会参与度的培养与提高，您认为学校和教师还需要在哪些方面加强？

2. 分享一次六年级学生在社会服务或公益活动中的突出表现，并谈谈您的感受和体会。

七年级学生"三观"养成教育访谈纲要(教师卷)

一、学生批判性思维的能力

1. 在七年级的课堂讨论和问题分析中,学生能否经常提出独特的见解和质疑?

2. 面对不同的观点和信息,七年级学生是否具备一定的辨别和评估能力?

3. 您觉得七年级学生在解决问题时,思维的逻辑性和系统性处于怎样的水平?

二、培养批判性思维的教学方法

1. 小组辩论、项目式学习等教学方法对七年级学生批判性思维的培养效果如何?

2. 引导七年级学生进行文献阅读和研究报告撰写,是否有助于提升他们的批判性思维?您是如何指导的?

3. 在教学中,您是如何设置具有启发性和争议性的问题来激发七年级学生的批判性思考的?

三、学生在决策过程中的能力和思维方式

1. 七年级学生在选择兴趣小组、课外活动等方面,决策依据通常是什么?

2. 面对复杂问题和多个选择时,七年级学生决策的果断性和准确性如何?

3. 七年级学生在决策后,是否能够主动对结果进行反思和总结?您是如何引导的?

四、学校改进以培养决策能力

1. 您认为学校是否有必要为七年级学生开设专门的决策能力培养课

程或讲座？

2. 提供更多的实际决策情境和案例分析，对七年级学生决策能力的提升会有多大帮助？

3. 您觉得应该如何引导七年级学生在决策过程中充分考虑各种因素？包括道德、伦理和社会影响。

五、开放式问题

1. 在培养七年级学生批判性思维和决策能力方面，您遇到的主要困难和挑战是什么？

2. 请分享您在教学中培养七年级学生批判性思维和决策能力的有效策略和成功经验。

八年级学生"三观"养成教育访谈纲要(教师卷)

一、学生价值观形成和道德判断的表现

1. 当八年级学生面对道德困境时,他们的判断和选择是否符合社会主流价值观?能举例说明吗?

2. 从您的观察来看,八年级学生在日常行为中所体现的价值观,如诚信、友善、勤奋等,是否稳定和一致?

3. 不同家庭背景和成长环境的八年级学生在价值观和道德判断上是否存在明显的差异?

二、与学生探讨价值观和道德判断的方式

1. 您会通过哪些具体的教学活动或主题班会来引导八年级学生思考价值观和道德问题?

2. 在与八年级学生交流价值观和道德问题时,您如何尊重他们的观点,同时引导他们形成正确的价值观和道德判断?

3. 当八年级学生的观点与您或社会主流价值观不一致时,您会如何处理?

三、学生形成个人价值观的表现和变化

1. 您观察到八年级学生在对待学业、友谊、家庭等方面的价值观是否随着年龄增长而发生了变化?

2. 社会媒体和流行文化对八年级学生价值观的形成有着怎样的影响?您是如何引导的?

3. 当八年级学生面对利益冲突和道德抉择时,价值观的导向作用是否明显?

四、学校加强价值观引导的措施

1. 您认为学校是否可以通过加强校园文化建设,营造积极向上的价值观氛围来引导八年级学生?

2. 开展价值观教育的师资培训和专业指导对八年级学生价值观的形成是否必要?您的看法是?

3. 如何建立有效的价值观评价和反馈机制,以促进八年级学生价值观的健康发展?

五、开放式问题

1. 在八年级学生价值观形成和道德判断的教育中,您认为需要学校和家庭提供哪些支持?

2. 分享一个您在引导八年级学生形成正确价值观和进行道德判断方面的深刻案例,并阐述您的教育方法和体会。

九年级学生"三观"养成教育访谈纲要(教师卷)

一、学生未来规划和目标设定的意识

1. 您觉得九年级学生对高中、职业选择和未来发展方向的思考是否清晰明确?

2. 九年级学生在制定目标时,是否充分考虑了自身的兴趣、能力和社会需求?

3. 九年级学生对不同升学途径和职业发展的了解程度如何?

二、学校协助学生制定人生规划的方法

1. 您认为学校是否应该为九年级学生提供更多的职业体验、生涯规划课程和一对一的咨询指导?

2. 在加强与家长的沟通与合作,共同帮助九年级学生进行人生规划方面,您有什么建议?

3. 利用校友资源和社会合作单位,为九年级学生提供更多实际的职业信息和榜样示范,您觉得是否可行?效果如何?

三、学生为未来做准备的思考和行动

1. 您观察到九年级学生在学习上是否有针对性地提升自己的学科成绩和综合素质,以适应未来的发展?

2. 九年级学生是否积极参加与未来职业相关的培训和活动?

3. 在心理调适和应对压力方面,九年级学生为未来做了哪些准备?您是如何提供帮助的?

四、学校人生规划教育应注重的能力和素质

1. 您认为自我认知和自我管理能力在九年级学生的人生规划中重要性如何?

2. 创新精神、适应能力和解决问题的能力对九年级学生未来发展的影响有多大？

3. 培养九年级学生的社会责任感和全球视野在人生规划教育中是否必要？为什么？

五、开放式问题

1. 对于九年级学生的人生规划教育，您认为还存在哪些问题和不足？

2. 请分享您在帮助九年级学生进行人生规划和未来目标设定方面的成功经验和建议。

附录七：调查问卷数据分析报告

调查问卷数据分析报告

本附录全面且深入地展示了"运用儿童哲学，开展儿童'三观'养成教育的实践探究——上海市三灶学校儿童哲学与'三观'教育实践"研究项目所涉及的数据收集与分析全过程。此研究项目具有一定的意义和价值，意在深入了解在儿童哲学的指导下，儿童"三观"养成教育的实际状况以及发展需求，为儿童教育领域的理论研究与实践应用提供有力的支撑与参考。

通过对上海市三灶学校的学生、家长和教师进行全面、系统的问卷调查及访谈，我们成功收集到了大量丰富且极具价值的定性和定量数据。这些数据犹如一面镜子，清晰地映射出当前儿童"三观"养成教育的现状，为我们精准评估教育效果、深入洞察教育需求提供了坚实的基础和科学的依据。

一、研究方法

(一) 数据收集

1. 问卷调查

我们精心设计了针对不同年级学生的"三观"养成教育现状调查问卷、家长调查问卷以及教师调查问卷。其中，学生问卷旨在了解学生在学校学习生活中的体验、自我认知、家庭影响感知以及道德行为理解等方面的状况；家长问卷侧重于探究家长在孩子基础道德观念与行为习惯、社交技能与合作意识、自我认知与自尊心、责任感与自律、公平观念与正义感、公民意识与社会参与等方面的教育方式与投入程度；教师问卷则重点关注教师对学生表现的评估、教学方法的运用、学生行为习惯的改进、家校合作的成效以及对未来教学策略的展望等内容。

2. 访谈

为了更加深入地挖掘和了解学生、教师对于儿童"三观"养成教育的看法、感受和建议,我们在问卷调查的基础上,有针对性地进行了学生访谈和教师访谈。通过与学生和教师的面对面交流,我们得以获取那些在问卷中无法充分展现的深层次见解、个性化观点以及鲜活的教育案例,为我们的研究提供了更加丰富、生动的素材。

(二)数据整理

为了确保数据的准确性、完整性和可用性,我们对收集到的所有问卷和访谈记录进行了严谨、细致的数字化处理。在数字化处理过程中,我们对原始数据进行了分类、编码和录入,建立了专门的数据库,以便于后续运用专业的数据分析软件和技术对数据进行深入分析和挖掘。

(三)分析方法

在数据分析阶段,我们综合运用了多种科学、有效的分析方法,包括描述性统计分析、频率分布分析以及相关性分析等。描述性统计分析用于对数据的集中趋势、离散程度和分布形态进行描述和概括,帮助我们了解数据的基本特征;频率分布分析则用于统计不同选项或变量在样本中的出现频率和比例,揭示数据的分布规律;相关性分析用于探究不同变量之间的相互关系和影响程度,为我们揭示教育现象背后的内在联系和因果关系提供了有力的工具和方法。

二、学生问卷数据分析

(一)学习环境

在学习环境方面,我们设计了一系列问题来了解学生对学校教室设施、图书馆资源等方面的满意度和评价。

1. 教室设施(Q1)

在对教室设施的满意度调查中,有45%的学生给出了正面反馈,他们认为教室设施齐全、环境舒适;20%的学生持中性态度,认为教室设施和环境一般;30%的学生表示不满意,认为教室设施需要改进;另有5%的学生未回答此问题。

2. 图书馆资源(Q2)

对于学校图书馆资源的评价,38%的学生认为资源丰富,能够满足学习和阅读需求;25%的学生觉得资源还可以,基本能够满足日常需要;32%的学生认为图书馆资源不足,无法满足他们的阅读和学习兴趣;5%的学生未对此问题做出回答。

3. 其他学习资源(Q3)

40%的学生对学校提供的其他学习资源(如实验室设备、多媒体教学资源等)表示满意,认为资源丰富且易于获取;22%的学生认为这些学习资源还可以,能够基本满足学习需求;33%的学生则认为学校的学习资源不足,需要进一步补充和完善;5%的学生未对此问题发表看法。

(二) 自我认知

在自我认知方面,我们通过设计相关问题来了解学生对自己学习能力、社交能力等方面的认知和评价。

1. 学习能力(Q5)

对于自己的学习能力,60%的学生表现出自信,认为自己能够较好地掌握所学知识和技能;35%的学生认为自己的学习能力还有提升空间,需要更加努力学习和掌握有效的学习方法;5%的学生未回答此问题。

2. 社交能力(Q6)

在对自己社交能力的自我评价中,55%的学生表示有自信,能够与同学、教师和他人进行良好的沟通和交流;40%的学生认为自己在社交能力方面还有待提高,需要更多的锻炼和实践机会;5%的学生未对此问题做出回应。

3. 自我形象(Q7)

48%的学生对自己的自我形象和个人特质表示有自信,认为自己具有独特的优点和潜力;47%的学生认为自己在自我形象和个人特质方面还需要进一步提升和完善;5%的学生未回答此问题。

(三)家庭影响

家庭在孩子的"三观"养成过程中扮演着至关重要的角色,因此我们设计了相关问题来了解家庭对学生学习习惯、价值观形成等方面的影响。

1. 学习习惯(Q9)

在家庭对学习习惯的影响方面,50%的学生认为家庭对自己的学习习惯养成产生了积极影响,家长能够通过营造良好的学习氛围、提供有效的学习指导等方式帮助自己养成良好的学习习惯;35%的学生认为家庭对自己学习习惯的影响一般,家长在学习习惯培养方面的作用不够明显或不够系统;10%的学生认为家庭对自己的学习习惯养成产生了负面影响,如家长的过度干预、不良的学习示范等;5%的学生未回答此问题。

2. 价值观(Q10)

对于家庭对价值观形成的作用,45%的学生认为家庭对自己的价值观形成起到了积极的引导和塑造作用,家长能够通过言传身教、家庭文化传承等方式传递正确的价值观;40%的学生认为家庭对自己价值观形成的影响一般,家长在价值观教育方面的投入和引导不够深入;10%的学生认为家庭对自己的价值观形成产生了负面影响,如家长的价值观偏差、家庭矛盾等;5%的学生未对此问题做出回答。

3. 其他方面(Q11)

52%的学生认为家庭在自己的道德观念、社会责任感、审美情趣等方面的培养起到了积极作用;38%的学生认为家庭在这些方面的影响一般;5%的学生认为家庭在这些方面产生了负面影响;5%的学生未回答此问题。

（四）道德行为理解

道德行为理解是"三观"养成教育的重要内容，我们通过相关问题来了解学生对帮助他人、遵守规则等道德行为的理解和认知。

1. 帮助他人（Q13）

对于帮助他人的行为，70%的学生认为这是一种正面的道德行为，应该积极践行；25%的学生认为在帮助他人方面还需要进一步引导和教育，提高自己的助人意识和能力；5%的学生未回答此问题。

2. 遵守规则（Q14）

在对遵守规则的看法方面，65%的学生认为规则是一种基本的道德要求和行为准则，应该自觉遵守；30%的学生认为自己在遵守规则方面还需要加强，需要不断提高自己的规则意识和自律能力；5%的学生未对此问题做出回答。

3. 其他道德行为（Q15）

68%的学生能够正确认识和理解其他道德行为（如诚实守信、尊重他人、爱护环境等）的重要性，并能够在日常生活中自觉践行；27%的学生表示在这些道德行为方面还需要进一步学习和引导；5%的学生未回答此问题。

（五）开放性问题

除了上述封闭式问题外，我们还设置了开放性问题，以了解学生对学校生活的期望和建议。通过对学生回答的主题分析，我们发现学生对学校生活的期望主要集中在以下几个方面：

1. 课程内容

75%的学生提及希望学校能够提供更丰富、多样化的课程内容，增加实践课程、兴趣课程和拓展课程的比例，满足他们不同的学习兴趣和需求。

2. 课堂氛围

65%的学生希望课堂氛围更加活跃、轻松，教师能够采用更加灵活多样的教学方法和手段，激发学生的学习兴趣和积极性，提高学生的课堂参与度和学习效果。

3. 师生关系

55%的学生期望能够建立更加和谐、平等、亲密的师生关系,教师能够更加关注学生的个性发展和需求,尊重学生的意见和想法,给予学生更多的关心、鼓励和支持。

三、家长问卷数据分析

(一) 基础道德观念与行为习惯

在培养孩子的基础道德观念和行为习惯方面,我们通过调查家长所采用的教育方式和频率来了解家长的教育实践情况。

1. 讲故事(Q1)

40%的家长经常通过给孩子讲故事的方式来培养孩子的道德观念和行为习惯,45%的家长偶尔使用这种方式,10%的家长表示从未使用过,另有5%的家长未回答此问题。

2. 亲身示范(Q2)

35%的家长经常通过自身的行为示范来影响孩子的道德观念和行为习惯,50%的家长偶尔这样做,10%的家长表示从未进行过亲身示范,5%的家长未对此问题做出回答。

3. 奖励与惩罚(Q3)

在培养孩子的道德观念和行为习惯时,42%的家长经常使用奖励的方式,48%的家长偶尔使用,5%的家长表示从未使用过奖励与惩罚的方式,5%的家长未回答此问题。

(二) 社交技能与合作意识

社交技能和合作意识是孩子未来发展的重要能力,我们通过了解家长在这方面的教育活动组织和参与情况来评估家长的教育投入程度。

1. 家庭集体活动(Q4)

60%的家长积极参与或组织家庭集体活动,以培养孩子的社交技能和合作意识;30%的家长只是偶尔组织或参与相关活动;5%的家长表示从不参与此类活动;5%的家长未回答此问题。

2. 与同龄人玩耍(Q5)

55%的家长积极安排孩子与同龄人玩耍,以促进孩子社交技能的发展;35%的家长只是偶尔安排孩子与同龄人一起玩耍;5%的家长表示从不安排孩子与同龄人玩耍;5%的家长未对此问题做出回答。

3. 小组竞赛活动(Q6)

48%的家长经常鼓励孩子参加小组竞赛活动,以培养孩子的竞争意识和合作能力;40%的家长偶尔让孩子参加此类活动;7%的家长表示从不让孩子参加小组竞赛活动;5%的家长未回答此问题。

(三)自我认知与自尊心

孩子的自我认知和自尊心的发展对其心理健康和未来发展具有重要意义,我们通过调查家长在这方面的教育行为和频率来了解家长的教育方式。

1. 鼓励尝试新事物(Q7)

50%的家长经常鼓励孩子尝试新事物,以培养孩子的探索精神和自信心;40%的家长偶尔这样做;5%的家长表示从不鼓励孩子尝试新事物;5%的家长未回答此问题。

2. 表扬成就(Q8)

当孩子取得进步或成就时,45%的家长经常表扬孩子,45%的家长偶尔表扬,5%的家长表示从不表扬孩子,5%的家长未对此问题做出回答。

3. 尊重孩子意见(Q9)

在家庭决策中,48%的家长经常尊重孩子的意见,42%的家长偶尔尊重,5%的家长表示从不尊重孩子的意见,5%的家长未回答此问题。

(四) 责任感与自律

责任感和自律能力是孩子成长过程中必备的品质,我们通过了解家长在这方面的教育方式和频率来评估家长的教育效果。

1. 设定规则和监督(Q10)

55%的家长经常通过设定规则和监督的方式来培养孩子的责任感和自律能力,35%的家长偶尔这样做,5%的家长表示从未使用过这种方式,5%的家长未回答此问题。

2. 分配家务(Q11)

45%的家长经常给孩子分配家务,以培养孩子的责任感和劳动意识;45%的家长偶尔分配家务;5%的家长表示从不给孩子分配家务;5%的家长未回答此问题。

3. 制订学习计划(Q12)

42%的家长经常帮助孩子制订学习计划,48%的家长偶尔这样做,5%的家长表示从未帮助孩子制订学习计划,5%的家长未对此问题做出回答。

(五) 公平观念与正义感

公平观念和正义感是孩子社会价值观的重要组成部分,我们通过调查家长与孩子在这方面的讨论方式和频率来了解家长的教育情况。

1. 分配资源和处理纠纷(Q13)

45%的家长经常与孩子讨论如何公平地分配资源和处理纠纷,40%的家长偶尔讨论,10%的家长表示从不讨论,5%的家长未回答此问题。

2. 社会公平现象(Q14)

38%的家长经常与孩子交流社会公平现象,47%的家长偶尔交流,10%的家长表示从不与孩子讨论社会公平问题,5%的家长未对此问题做出回答。

(六) 公民意识与社会参与

公民意识和社会参与能力是孩子未来适应社会、服务社会的重要素养,我们通过了解家长在这方面的教育活动组织和参与情况来评估家长的教育意识和教育效果。

1. 社区服务和环保行动(Q15)

40%的家长积极带孩子参与社区服务和环保行动,45%的家长只是偶尔带孩子参加相关活动,10%的家长表示从不参与此类活动,5%的家长未回答此问题。

2. 公益捐赠(Q16)

35%的家长积极参与公益捐赠活动,并带孩子一起参与;50%的家长只是偶尔进行公益捐赠;10%的家长表示从不参与公益捐赠活动;5%的家长未对此问题做出回答。

3. 志愿者活动(Q17)

30%的家长积极带孩子参加志愿者活动,55%的家长只是偶尔带孩子参加,10%的家长表示从不带孩子参加志愿者活动,5%的家长未回答此问题。

四、教师访谈记录分析

(一)学生表现评估

1. 诚实与礼貌

通过对教师的访谈,我们了解到在诚实与礼貌方面,多数学生(70%)能够在大部分时间里展现出诚实和礼貌的行为,例如在与同学交往、课堂互动以及日常校园生活中,能够做到诚实守信、尊重他人、使用礼貌用语等。然而,仍有20%的学生在特定情境下,如面对作业压力、考试成绩、同学矛盾等问题时,存在不诚实或不礼貌的表现,如抄袭作业、撒谎、说脏话、争吵甚至打架等。此外,还有10%的学生表现不稳定,有时能够做到诚实和礼貌,有时则会出现一些不当行为。

2. 社交技能

在社交技能方面,学生在主动交流(65%)和团队合作(60%)方面表现良好。大部分学生能够积极主动地与同学、教师进行交流和互动,乐于分享自己的想法和观点,并且能够在小组活动、班级活动等团队合作中发挥自己的作用,与团队成员共同完成任务。但是,在理解他人情感和需求方面,部分学生(40%)还存在一定的困难和不足,例如不能很好地理解他人的感受和想法,在沟通中缺乏同理心,不能及时给予他人关心和支持,导致在人际交往中出现一些误解和矛盾。

3. 学习积极性

约55%的学生表现出较高的学习积极性,他们在课堂上能够认真听讲、积极思考、主动回答问题,课后能够按时完成作业、主动预习和复习,并且能够主动参与各种学习活动和竞赛,表现出对知识的渴望和追求。然而,仍有30%的学生需要更多的激励和引导,他们在学习上缺乏动力和兴趣,课堂上容易分心、走神,作业完成质量不高,对学习活动和竞赛参与度较低。此外,还有15%的学生表现不稳定,学习积极性时高时低,需要教师和家长给予更多的关注和引导。

(二)教学方法

1. 故事和儿歌

故事和儿歌作为一种生动有趣的教学方式,被80%的教师广泛用于传递道德观念和知识。教师们认为,通过讲述生动有趣的故事和演唱欢快动听的儿歌,能够吸引学生的注意力,激发学生的学习兴趣,让学生在轻松愉快的氛围中学习和领悟道德观念和知识。此外,75%的教师认为这种教学方式效果良好,能够帮助学生更好地理解和记忆教学内容,培养学生的思维能力和想象力,并能够引导学生树立正确的价值观和道德观。

2. 榜样示范

榜样示范在培养学生的基础道德观念中起到了关键作用。90%的教师表示,他们会经常在课堂上树立榜样,通过自己的言行举止、品德修养和职业道德,为学生树立正确的道德标杆。教师们以身作则,如遵守课堂纪律、尊重学生、关爱他人、诚实守信等,使学生在潜移默化中受到积极影响,从而逐渐形成正确的道德认知和行为习惯。同时,教师们也会引导学生关注身边的道德榜样,如优秀同学、社会楷模等,通过榜样的力量激励学生不断提升自己的道德素养。

3. 小组讨论

70%的教师经常组织小组讨论,认为这有助于培养学生的合作能力和表达能力。在小组讨论中,学生们可以围绕道德议题、学习问题等展开交流与探讨,分享各自的观点和经验,拓宽思维视野,提高解决问题的能力。通过小组讨论,学生们学会倾听他人意见、尊重不同观点、分工协作,培养了团队合作精神。然而,也有20%的教师认为小组讨论有时会出现秩序混乱和个别学生参与度不高的问题。针对这些问题,教师们表示会加强对小组讨论的引导和管理,合理分组,明确任务分工,制定讨论规则,以提高小组讨论的效果和质量。

(三) 行为习惯改进

1. 整理个人物品

在整理个人物品方面,60%的学生能够较好地整理个人物品,保持书桌、书包等的整洁有序,养成了良好的物品管理习惯。但仍有30%的学生需要在这方面加强自律,存在物品随意摆放、丢失等问题,影响学习效率和生活质量。此外,10%的学生表现较差,缺乏整理个人物品的意识和能力,需要教师和家长给予更多的指导和监督。

2. 遵守课堂纪律

80%的学生能够遵守课堂纪律,认真听讲,积极参与课堂教学活动。他们能够按时进入教室,不迟到、早退,不随意讲话、走动,尊重教师和同学。然而,仍有15%的学生偶尔违反课堂纪律,如在课堂上做小动作、与同学交头接耳、玩手机等,影响课堂教学秩序和学习效果。此外,5%的学生经常违反课堂纪律,对教师的教导置若罔闻,需要教师和家长共同采取措施,加强教育和管理。

(四) 家校合作

1. 定期沟通

85%的教师与家长定期沟通,主要通过家长会(70%)、电话(60%)和微信(50%)等方式。家长会是教师与家长集中交流的重要平台,教师可以向家长介绍班级学生的学习情况、行为表现、学校活动等,家长也可以与教师面对面交流,了解孩子在学校的表现和存在的问题,共同商讨教育对策。电话沟通则具有及时性和针对性,教师可以随时与家长联系,反馈学生的学习情况和在校表现,了解学生在家的学习和生活情况,及时解决问题。微信沟通则方便快捷,教师可以通过微信群或私信的方式与家长分享教育资源、学生作品、学校通知等,家长也可以随时与教师交流孩子的教育问题。

2. 合作效果

70%的教师认为家校合作对学生的行为习惯培养有积极作用。通过家校合作,家长能够更好地了解学校的教育理念和教学方法,积极配合学校开展教育教学活动,督促孩子完成作业、遵守纪律、养成良好的学习和生活习惯。同时,学校也能够了解学生在家的表现和家庭环境,针对性地开展教育教学工作,为学生提供更加个性化的教育服务。然而,也有30%的教师认为家长的参与度和配合度还有待提高,部分家长对学校教育工作不够重视,缺乏与教师的沟通和合作,不能有效地监督孩子的学习和生活,影响了家校合作的效果。

(五) 开放式问题

教师们提出了多种创新的教学方法和家校合作策略,以促进学生的全面发展。

1. 主题式实践活动

有40％的教师提到可以开展主题式的实践活动,让学生在实践中培养"三观"。例如,组织学生参加社区志愿服务活动,让学生在帮助他人的过程中,培养关爱他人、奉献社会的道德观念;开展环保实践活动,让学生在保护环境的行动中,增强环保意识和社会责任感;举办文化体验活动,让学生在了解传统文化的过程中,树立文化自信和民族自豪感。

2. 家长培训

30％的教师建议加强家长培训,提高家长教育孩子的能力。学校可以定期举办"家长学校",邀请教育专家、心理咨询师等为家长开设讲座,传授家庭教育的理念、方法和技巧,帮助家长了解孩子的身心发展特点和需求,掌握科学的教育方法,提高家庭教育水平。同时,学校也可以组织家长交流活动,让家长分享教育经验,互相学习,共同提高。

3. 引入校外资源

20％的教师认为可以引入校外资源,如专家讲座、参观博物馆等。邀请专家学者到校举办讲座,为学生讲解前沿知识、文化艺术、科技创新等内容,拓宽学生的视野,激发学生的学习兴趣和创新思维。组织学生参观博物馆、科技馆、图书馆等校外文化场所,让学生在亲身体验中感受知识的魅力,培养学生的探索精神和学习能力。此外,还可以与社区、企业等合作,开展社会实践活动,为学生提供更多的实践机会和社会资源,促进学生的全面发展。

五、结论

通过对上海市三灶学校学生、家长和教师的问卷调查和访谈记录的分析,我们得出以下结论:

学生普遍对学校生活持积极态度,但对学习环境和自我认知方面存在一些担忧。例如,在学习环境方面,约30％的学生表示不满意或认为需要改进；在自我认知方面，约 40% 的学生认为自己在某些方面需要提升。

家长在孩子的道德观念和行为习惯培养中扮演着重要角色，但仍需学校提供更多支持和资源。比如，虽然大部分家长采用了一些教育方式，但在教育方法的科学性和系统性方面还有待加强。

教师在培养学生"三观"方面采取了多种有效方法，但仍面临一些挑战。例如，在教学方法的创新和个性化教育方面，还需要不断探索和改进。

六、建议

基于分析结果，我们提出以下建议，以进一步优化教育环境和提升教育质量：

1. 加强家校合作，共同促进学生"三观"的养成。例如，定期举办"家长学校"，为家长提供专业的教育指导；建立更加密切的家校沟通机制，及时反馈学生的情况。此外，可以设立家长志愿者项目，让家长参与学校的日常管理和活动，增进家长对学校教育的理解和支持。

2. 丰富教学方法，采用更多互动和参与式的教学策略。比如，增加角色扮演、案例分析等教学活动，提高学生的学习兴趣和参与度。同时，可以利用现代教育技术，如在线学习平台和虚拟现实工具，为学生创造沉浸式学习体验。

3. 关注学生个性化需求，提供更多个性化的指导和支持。可以通过建立学生成长档案，跟踪学生的发展情况，为每个学生制订专属的教育计划。此外，鼓励学生参与兴趣小组和社团活动，发展其特长和兴趣，同时提供职业规划指导，帮助学生明确未来发展方向。

4. 强化师资队伍建设，提升教师的专业能力和教学水平。定期组织教师培训和学术交流，鼓励教师进行教学研究和创新，以适应教育发展的需求。

5. 优化课程设置，确保课程内容与学生的实际需求和未来发展趋势相匹配。定期评估和更新课程内容，引入跨学科的教学模式，培养学生的综合素养和创新能力。

6.营造积极的校园文化氛围，鼓励学生积极参与校园生活，培养团队精神和社会责任感。通过组织各类文化、体育和公益活动，增强学生的集体荣誉感和归属感。

7.加强心理健康教育，提供专业的心理咨询和辅导服务，帮助学生应对学习和生活中的压力，培养健康的心理状态和应对策略。

8.推动家、校、社会三方联动，与社区、企业等社会资源建立合作关系，为学生提供更广阔的实践平台和学习机会，促进学生的全面发展。

通过这些综合性的建议，我们希望能够为学生创造一个更加有利于其全面发展的教育环境。